Andreas Hillgruber
Sowjetische Außenpolitik im Zweiten Weltkrieg

Athenäum/Droste Taschenbücher Geschichte

Über den Autor:
Andreas Hillgruber, Jahrgang 1925, ist seit 1972 ordentl. Professor für Mittlere und Neuere Geschichte an der Universität zu Köln.
Veröffentlichungen (Auswahl):
„Hitler, König Carol und Marschall Antonescu – Die deutsch-rumänischen Beziehungen 1938–1944", 1954, ²1965; „Hitlers Strategie – Politik und Kriegführung 1940–1941", 1965; „Deutschlands Rolle in der Vorgeschichte der beiden Weltkriege", 1967; „Bismarcks Außenpolitik", 1972; „Großmachtpolitik und Militarismus im 20. Jahrhundert – Drei Beiträge zum Kontinuitätsproblem", 1974 Droste; „Deutsche Geschichte 1945–1972 – Die ‚deutsche Frage' in der Weltpolitik", 1974; „Deutsche Großmacht- und Weltpolitik im 19. und 20. Jahrhundert", 1977 Droste. – Herausgeber von: „Staatsmänner und Diplomaten bei Hitler 1939–1944", 2 Bde., 1967/70; Mitherausgeber des „Kriegstagebuches des Oberkommandos der Wehrmacht 1940–1945", 4 Bde., 1961–1965.
„Chronik des Zweiten Weltkrieges", veröffentlicht 1978 in Athenäum/Droste Taschenbücher Geschichte.

Andreas Hillgruber

Sowjetische Außenpolitik im Zweiten Weltkrieg

Athenäum/Droste Taschenbücher Geschichte
1979

Buchausgabe des gleichnamigen Beitrages, erschienen im Osteuropa-Handbuch, Bd. Sowjetunion/Außenpolitik I. Köln-Wien 1972.
Mit einem Vorwort des Autors zur Taschenbuchausgabe 1979.

CIP-Kurztitelaufnahme der Deutschen Bibliothek

Hillgruber, Andreas:
Sowjetische Aussenpolitik im Zweiten Weltkrieg /
Andreas Hillgruber. [Mit e. Vorw. d. Autors zur
Taschenbuchausg.]. – Königstein/Ts. : Athenäum-
Verlag; Düsseldorf : Droste, 1979.
  (Athenäum-Droste-Taschenbücher ; 7222 : Ge=
  schichte)
  ISBN 3–7610–7222–8

1979 Athenäum Verlag GmbH, Königstein/Ts. / Droste Verlag GmbH,
Düsseldorf
© 1979 Droste Verlag
Gesamtherstellung: Friedrich Pustet, Regensburg
Umschlaggestaltung: Endrikat + Wenn, Aachen
Printed in Germany
ISBN 3–7610–7222–8

Inhaltsverzeichnis

Vorwort 1

1. Voraussetzungen und Umrisse außenpolitischer Neuorientierung 1939 7
2. Diplomatische Schritte in der europäischen Krise 1939 18
3. Partnerschaft mit Deutschland 33
4. Kollision der Interessen zwischen der Sowjetunion und Deutschland 51
5. Die Sowjetunion in der Kriegsallianz 68
6. Probleme der Kriegskoalition 1943/44 82
7. Politische Konsequenzen der militärischen Erfolge der Roten Armee 1944 107
8. Pläne zur Friedensordnung in der Schlußphase des Krieges: Die Konferenzen von Jalta und Potsdam 123
9. Der Krieg im Fernen Osten 145

Personenregister 153

Vorwort

„Bei Verwicklungen in den uns umgebenden Ländern wird sich vor uns unbedingt die Frage unserer Armee, ihrer Macht, ihrer Bereitschaft als lebenswichtige Frage erheben; das bedeutet nicht, daß wir in einer solchen Situation unbedingt aktiv gegen irgend jemanden auftreten müssen . . . Sollte aber der Krieg beginnen, so werden wir nicht untätig zusehen können – wir werden auftreten müssen, aber wir werden als letzte auftreten, um das entscheidende Gewicht in die Waagschale zu werfen, ein Gewicht, das ausschlaggebend sein dürfte. Die Schlußfolgerung hieraus ist: Wir müssen auf alles vorbereitet sein, wir müssen unsere Armee vorbereiten . . . Der Krieg (kann), natürlich nicht morgen oder übermorgen, wohl aber in einigen Jahren, unvermeidlich werden." Diese Leitlinie entwickelte Stalin am 19. Januar 1925 auf der Plenartagung des Zentralkomitees der Kommunistischen Partei Rußlands.

Seit die weltrevolutionären Erwartungen der bolschewistischen Führung unter Lenin und Trotzkij von 1917/18 immer mehr der Erkenntnis gewichen waren, daß die Sowjetrepublik vorerst das einzige sozialistische Land bleiben werde, und Stalin mit der Parole des „Aufbaus des Sozialismus in einem Lande" und dem Primat der Sicherheitsinteressen Sowjetrußlands in einer ihm prinzipiell feindlich gesonnenen kapitalistisch-imperialistischen Umwelt vor ausgreifenden revolutionären Experimenten in anderen Ländern die Konsequenz daraus gezogen hatte, folgte die sowjetische Außenpolitik einer Maxime, die sich abgekürzt so umschreiben läßt: alles zu tun, um die als gegeben betrachtete „Einkreisung" des einzigen sozialistischen Staates durch die imperialistischen Großmächte so weit wie möglich aufzulockern und eine gemeinsame Front aller gegen die Sowjetunion zu verhindern, daher Spannungen zwischen den imperialistischen Mächten so weit wie möglich zu fördern. In diesem Rahmen war es das wichtigste Ziel der sowjetischen Außenpolitik in Europa, jeder tatsächlichen oder vermeintlichen Annäherung zwischen Großbritannien/Frankreich und Deutschland entgegenzuwirken und in Ostasien den Gegensatz zwischen den USA/Großbritannien und Japan direkt oder indirekt zu beleben. Die Weltwirtschaftskrise von 1929 an, die die nach dem Ersten Weltkrieg 1919/20 errichtete globale Ordnung erschütterte und die Spannungen zwischen den „have-nots", den besiegten oder im Siege zu kurz gekommenen Großmächten Deutschland, Italien und Japan, und den etablierten Mächten Großbritannien, Frankreich und den USA offen ausbrechen ließ, bot für die dieser Leitlinie folgende sowjetische Politik Chancen, aber auch Gefahren, wenn die Stoßrichtung der Expansion Japans (seit 1931) und Deutschlands (seit 1933) gegen die Sowjetunion tendierte und die übrigen Großmächte diese hinnahmen oder gar favorisierten. Das Verhalten der USA und Großbritanniens in Ostasien, der europäischen Westmächte in Europa in den dreißiger Jahren war aus sowjetischer Perspektive ambivalent, mehrdeutig. Das Arrangement Großbritanniens und Frankreichs mit Hitler-Deutschland auf Kosten der Tschechoslowakei in München unter Ausschluß der Sowjetunion am 29./30. September 1938 wirkte auf Stalin alarmierend. Eine Neubestimmung der sowjetischen Taktik – bei Festhalten an der Leitlinie – war unvermeidlich. Jede Darstellung der sowjetischen Außenpolitik im Zweiten Weltkrieg muß an diesem „Punkt" ansetzen.

Der von da ausgehende mehrfache Wechsel in der Position, die die Sowjetunion in der internationalen Politik der Jahre 1939–1945 einnahm, ist für die Auslösung, den Verlauf und den Ausgang des Zweiten Weltkrieges von fundamentaler Bedeutung gewesen. Ohne die strategische Rückendeckung und die wirtschaftliche Unterstützung, die Stalin Hitler in den Jahren 1939–1941 in dessen Krieg gegen die europäischen Westmächte bot, wäre diesem die Unterwerfung des größten Teils des europäischen Kontinents nicht möglich gewesen. Hitlers anschließende, für Stalin überraschende Wendung gegen die Sowjetunion (22. Juni 1941) zwang ihn – entgegen seiner 1925 aufgestellten und in den Jahren 1939–1941 so bewährten Maxime – zum Kampf um die Existenz des einzigen sozialistischen Landes im „Großen Vaterländischen Krieg". Doch auch auf dem Höhepunkt ihrer Krise, während der Schlachten um Moskau und Stalingrad, vermochte Stalin innerhalb der „unnatürlichen" Allianz mit Großbritannien und den USA die Eigenständigkeit der außenpolitischen Orientierung der Sowjetunion zu wahren und sie schließlich vom Rande des Abgrundes zur Weltmachtstellung zu führen. Dank der Fortdauer des Neutralitätsvertrages mit Japan (13. April 1941) konnte sich die Sowjetunion vier Jahre lang – im Gegensatz zu den USA und Großbritannien – auf den Kampf an einer einzigen, wenn auch sehr großen Front gegen Deutschland konzentrieren. Als das „Dritte Reich" kapitulierte, hatte Stalin die Machtsphäre der Sowjetunion tief nach Zentraleuropa vorgeschoben, und auch in Ostasien gelang es ihm, durch Eintritt in den Krieg gegen Japan gleichsam im letzten Augenblick (9. August 1945) den sowjetischen Einflußbereich beträchtlich auf Kosten Japans und vor allem Chinas auszuweiten, um auch hier wie in Europa der neuen weltpolitischen Konstellation gewachsen zu sein. Das im Kriegsverlauf frühzeitig zu erkennende Nebeneinander von Kooperation und Konfrontation zwischen der Sowjetunion und ihren imperialistischen „Verbündeten" im Rahmen der „Anti-Hitler-Koalition", mit anderen Worten: die Entstehung des „Kalten Krieges" aus dem Zweiten Weltkrieg heraus war Folge der Anstrengungen Stalins, die Sowjetunion auf das zu erwartende weltweite Ringen mit der stärksten der verbleibenden imperialistischen Mächte, den USA, um ein neues Weltgleichgewicht – oder um die Weltvormachtrolle entweder der USA oder der Sowjetunion – vorzubereiten.

Daß Stalin die 1945 eintretende Nachkriegssituation sehr früh erfaßt hat, ist vielfältig belegt. Eine der aufschlußreichsten Zeugnisse auf dem Höhepunkt der Erfolge Hitlers, unmittelbar nach der Niederwerfung Frankreichs, ist seine Abweisung des Werbens Churchills um eine Allianz in der Unterredung mit dem britischen Botschafter Cripps in Moskau am 1. Juli 1940. Stalin „sagte mir", so resümierte der Botschafter die Darlegungen des sowjetischen Diktators, „die Grundlage des (deutsch-sowjetischen) Nichtangriffspakts (vom 23. August 1939) sei das gemeinsame Bestreben gewesen, das alte in Europa bestehende Gleichgewicht zu beseitigen, das Großbritannien und Frankreich vor dem Krieg aufrecht zu erhalten bestrebt gewesen seien. Wenn der Premierminister (Churchill) das alte Gleichgewicht wiederhergestellt haben möchte, setzte Stalin fort, können wir ihm nicht zustimmen. Auf meinen Einwand, es müsse doch irgendein Gleichgewicht in Europa geben und nicht die Hegemonie einer einzigen Macht, erwiderte Stalin: ‚Ich bin nicht so einfältig, den deutschen Versicherungen zu glauben, sie hätten

4

keinen Wunsch nach Hegemonie, aber ich bin von der physischen Unmöglichkeit einer solchen Hegemonie überzeugt, da Deutschland nicht über die dazu notwendige Seemacht verfügt'."

Gerade für einen deutschen Interpreten der sowjetischen Außenpolitik im Zweiten Weltkrieg liegt ein Vergleich zwischen den beiden Diktatoren Stalin und Hitler nahe. Die Entscheidungen des Jahres 1940 bilden dabei den besten „test case". Die die Besitzergreifung der Baltischen Staaten sowie Bessarabiens und der Nordbukowina, wie schon im September 1939 diejenige Ostpolens, begleitende sozialrevolutionäre Umgestaltung („Sowjetisierung") der neu gewonnenen Territorien hatte offensichtlich eine dienende Funktion gegenüber den strategischen Intentionen Stalins, da nach sowjetischer Auffassung nur eine völlige Angleichung der gesellschaftlich-politischen Struktur dieses Vorfeldes wirkliche Sicherheit für die Sowjetunion gewährleistete. Jede Machterweiterung des Sowjet-Imperiums durch eine solche Ausweitung der „Sicherheitszone" bedeutete gewiß auch eine Stärkung des einzigen sozialistischen Staates im Blick auf revolutionäre Fernziele. Doch spielten diese bei Stalin nur als vage Vorstellungen für eine ganz weite Zukunft eine Rolle. Die Unterordnung der „Ideologie" unter die Ziele einer imperialen Machtpolitik war vielmehr für Stalin kennzeichnend. Der wesentliche Unterschied zu Hitler bestand darin, daß er sich in der „Großen Politik" niemals – weder 1940 noch im Siege 1944/45 – für oder gegen irgend etwas aus Gründen der „Weltrevolutionsideologie" entschied, sondern daß bei ihm stets Gesichtspunkte einer rationalen, kalkulierten Machtpolitik eindeutig den Vorrang behielten. Demgegenüber vollzog Hitler in der entscheidenden Phase des Krieges – im Sommer und Herbst 1940 – den Übergang von einer machiavellistischen Flexibilität in seiner Außenpolitik zur unmittelbaren Verwirklichung seiner rassenideologischen und raumpolitischen Fernziele („Vernichtungskrieg" gegen die Sowjetunion und Ausrottung ihrer bolschewistischen Führungsschicht einschließlich ihrer angeblichen biologischen Basis, der Millionen Juden in Westrußland) unter Absage an jedes weitere realistische Kalkül. Stalin konnte aus seiner Perspektive bis zuletzt an die (für ihn) irrationale Wendung Hitlers gegen die Sowjetunion nicht glauben und hat daher der für die Rote Armee zunächst im Sommer 1941 katastrophalen Situation objektiv Vorschub geleistet.

Die hier als Taschenbuch wiederveröffentlichte Darstellung der sowjetischen Außenpolitik im Zweiten Weltkrieg ist zuerst als Beitrag für den Band „Sowjetunion – Außenpolitik 1917–1955" des „Osteuropa-Handbuches", herausgegeben von Dietrich Geyer, (Böhlau Verlag Köln – Wien 1972) erschienen. Ich danke Herrn Kollegen Geyer (Tübingen) und dem Leiter des Böhlau Verlages für die bereitwillig erteilte Genehmigung für den Wiederabdruck.

Köln, den 2. Januar 1979   Andreas Hillgruber

1. Voraussetzungen und Umrisse
außenpolitischer Neuorientierung 1939

Eine Umorientierung der sowjetischen Außenpolitik, ausgelöst durch das als antisowjetische „Blockbildung" gedeutete Zusammengehen der europäischen Westmächte Großbritannien und Frankreich mit Hitler und Mussolini im Münchener Abkommen (29. September 1938), wurde bereits in den ersten Wochen des Jahres 1939 erkennbar. Sie äußerte sich in der Distanzierung vom Prinzip der „kollektiven Sicherheit" und – bei nachdrücklicher Betonung der unabhängigen Position der UdSSR in der Weltpolitik – in einer größeren außenpolitischen Flexibilität, was die Bereitschaft zu einem temporären Zusammenspiel mit Deutschland einschloß. Für diese Wendung waren neben einer Reihe von realen Gegebenheiten auch die grundsätzlichen Ansichten des Kremls über die weltpolitische Lage von Bedeutung.[1]

Aus verschiedenen *Äußerungen Stalins* in den ersten Monaten des Jahres 1939 lassen sich seine Beurteilung der außenpolitischen Lage, ihrer vermuteten Tendenzen und die Grundzüge der eigenen Reaktionen ablesen. Besondere Bedeutung kommt hierbei der Rede vom 10. März 1939 vor dem XVIII. Parteitag der KPdSU zu.[2] Stalin ging davon aus, daß die imperialistischen Großmächte keinen mehr oder weniger in sich geschlossenen Kreis bildeten, sondern in die Gruppen der Siegermächte des Ersten Weltkriegs und die der „drei aggressiven Mächte", Deutschland, Italien und Japan, zerfielen. Letztere strebten eine Neuverteilung des Kolonialbesitzes und der Einflußsphären an und betrieben mithin eine revisionistische, „aggressive" Politik. Das lasse sich jedoch, wie die Erfahrungen seit dem Ende der zwanziger Jahre zeigten, nur mit kriegerischen Mitteln erreichen. Der Angriff der „aggressiven Mächte" habe bereits 1931 mit dem Vorgehen Japans gegen China in der Mandschurei begonnen, 1935/36 mit der Eroberung Abessiniens durch Italien seinen Fortgang genommen und 1938 mit der nur scheinbar friedlichen Expansion Deutschlands in Mitteleuropa einen dritten, für die Sowjetunion gefährlichsten Kriegsschauplatz eröffnet. Der zweite große

Krieg der imperialistischen Mächte untereinander habe damit schon begonnen, auch wenn daraus noch kein allgemeiner Weltkrieg geworden sei. Allerdings hätten die Spannungen zwischen den imperialistischen Mächten einen Grad erreicht, der eine große militärische Auseinandersetzung wahrscheinlich mache.

Die außenpolitische Lage der Sowjetunion sah Stalin jedoch durch die Ambivalenz der Beziehungen unter den kapitalistischen Staaten noch weiter kompliziert. Danach würden die imperialistischen Siegermächte gegenüber den „Aggressor"-Staaten in einigen Fällen Rückzüge antreten, ohne ernsthaften Widerstand aufzubringen, in anderen sogar die „Aggression" bis zu einem gewissen Grade begünstigen, herausfordern oder ihr Vorschub leisten. Die Ursache für diese zwiespältige, scheinbar im Widerspruch zu ihren Interessen stehende Haltung sah Stalin nicht in einer ökonomischen oder militärischen Schwäche der etablierten Mächte, die er im Gegenteil zusammen den „faschistischen Staaten" auf diesen Gebieten überlegen glaubte. Auch die Furcht vor der Revolution als Folge eines Kriegsentschlusses hielt er nicht für das Hauptmotiv dieses Zurückweichens. Die Absicht vor allem der konservativen Regierung Großbritanniens und der unter ihrem Einfluß stehenden Politiker Frankreichs bestehe vielmehr darin, die „Aggressoren" etappenweise gegen die Sowjetunion Stellung beziehen und schließlich zum Angriff vorrücken zu lassen. Stalin meinte dabei in Europa Deutschland und in Asien Japan. Er glaubte ferner das Bestreben zu erkennen, „alle Kriegsteilnehmer dazu zu bringen, daß sie einander schwächen und erschöpfen, dann aber, wenn sie genügend geschwächt sind, mit frischen Kräften auf dem Schauplatz zu erscheinen und, natürlich ‚im Interesse des Friedens', aufzutreten, um den geschwächten Kriegsteilnehmern die Bedignungen zu diktieren . . . Noch kennzeichnender ist es, daß gewisse Politiker und Pressevertreter in Europa und in den Vereinigten Staaten . . . die wahren Hintergründe der Nichteinmischungspolitik . . . enthüllen. Sie erklären geradeheraus . . ., daß sie von den Deutschen schwer ‚enttäuscht' seien, da diese, statt weiter nach Osten, gegen die Sowjetunion, vorzustoßen, sich . . . nach Westen wenden und Kolonien verlangen. Der Gedanke liegt nahe, man habe den Deutschen Gebiete der Tschechoslowakei als Kaufpreis für die Verpflichtung gegeben, den Krieg gegen die Sowjetunion zu beginnen . . ."

Angesichts einer so bedrohlich gesehenen Kriegsgefahr kamen der *industriellen Kapazität* der Sowjetunion und dem Stand ihrer Verteidigungsbereitschaft für die außenpolitischen Entscheidungen große Bedeutung zu.[3] Ein Vergleich der sowjetischen Produktionsziffern in den wichtigsten Sektoren der Schwerindustrie mit denjenigen der „Aggressor"- oder „Nichtaggressorstaaten" mußte die schwierige Situation Sowjetrußlands verdeutlichen.

Jahreserzeugung der für die Rüstung wichtigsten Grundstoffe der ausschlaggebenden Mächte im Jahr 1938 in Mill. t[4]

	Stahl	Roheisen	Eisenerz	Kohle	Öl
Deutschland	25,202[a]	19,918[a]	4,240[b]	171,789[c]	0,552
Italien	0,929	2,323	0,505	1,480	13,2
Japan	7,002[d]	3,785[d]	0,666[e]	52,103[e]	0,351
USA	28,805	19,474	26,423	355,245	171,036
Großbritannien	12,721[f]	9,221[b]	4,823[g]	242,675[h]	5,762[i]
Frankreich	6,216	6,012	12,282[j]	46,504	0,072
Sowjetunion	18,000	14,600	26,530	132,888	32,231

a) In diesen Summen sind die Produktionsziffern Deutschlands, Österreichs und der Tschechoslowakei enthalten, die bei einer Beurteilung im Frühjahr 1939 hätten zugrunde gelegt werden können. b) Deutschland und Österreich. c) Deutschland außer Saar. d) Japan, Korea und die Mandschurei. e) Japan und Korea. f) Vereinigtes Königreich, Kanada und Indien. g) Vereinigtes Königreich, Neufundland und Südafrikanische Union. h) Vereinigtes Königreich und Kanada. i) Vereinigtes Königreich, Kanada, Irak, Ägypten, Indien. j) Frankreich, Tunesien, Algerien.

Der Beschluß des XVIII. Parteitages der KPdSU, den Produktionszuwachs im 3. Fünfjahrplan bis 1942 mit Schwerpunkt auf der Rüstungsindustrie auf das 1,9-fache festzusetzen, verlieh solchen Besorgnissen Ausdruck. Die Einführung des achtstündigen Arbeitstages, der Sieben-Tage-Woche und verschärfter Arbeitsbestimmungen durch den Erlaß des Obersten Sowjet vom 26. Juni 1940 zeigte darüber hinaus, daß die sowjetische Führung vor drastischen Maßnahmen zur Produktionssteigerung nicht zurückschreckte.

Auch der Stand der *Rüstung* mußte, gemessen an den Anforderungen der sowjetischen Strategie, die seit 1927/28 auf dem Axiom der Technisierung des Krieges basierte, beunruhigen.[5] Verglichen mit der zahlenmäßigen Stärke potentiell feindlicher Armeen waren die Ziffern, von denen die sowjetische Führung auszugehen hatte, zwar imposant, konnten aber die tatsächlichen Chancen der Roten Armee im Kampf gegen einen mit modernen Waffen hochgerüsteten und kampferfahrenen Gegner keineswegs sichern.

Die Friedensstärke der sowjetischen Streitkräfte betrug noch 1937 1 433 000 Mann (1933: 885 000). Erst nach Inkrafttreten des Gesetzes über die allgemeine Wehrpflicht vom 1. September 1939, das eine Senkung des Einberufungsalters mit einer Verlängerung der Dienstzeit verband, konnte der Mannschaftsbestand erheblich erhöht werden; er erreichte bald darauf eine Stärke von 2,1 Mill. Mann, im Januar 1941 4,2 und vor Beginn des deutschen Angriffs rund 5 Mill. Mann. Die Bewaffnung hielt weder in der Qualität noch in der Quantität damit Schritt. So überwog z. B. in der Panzerproduktion 1940 (2794 Stück) der Anteil der nach den jüngsten Erfahrungen ungenügenden alten Typen. Nur 243 Stück des schweren Typs KV und 115 des mittleren T 34 wurden hergestellt. Im ersten Halbjahr 1941 sollte dann die Zahl allerdings auf 393 bzw. 1110 steigen. Insgesamt erhielt die Rote Armee vom Januar 1939 bis Juni 1941 über 7000 Panzer bei einer Jahresproduktion von (1941) etwa 5500 Stück. Die Artillerie, der Stalin für einen kommenden Krieg eine besondere Bedeutung zumaß, erhielt von Januar 1939 bis Juni 1941 insgesamt 92 578 Geschütze und Granatwerfer. Auch hier war besonders bei den mittelschweren Geschützen die Modernisierung nicht weit fortgeschritten und der Mangel an Zugfahrzeugen fühlbar.[6]

Zu den aus der Umrüstung erwachsenden Problemen traten solche aus der Umorganisierung der technischen Truppen, mit der die Lehre aus den Kämpfen in Spanien und dem Fernen Osten gezogen wurde. Der schwerwiegendste Eingriff, der später, nach den Erfolgen der Deutschen in Polen und Frankreich, wieder rückgängig gemacht werden mußte, bestand in der Auflösung der großen selbständigen Panzerformationen. Noch folgenreicher wirkten sich die Säuberungen der Jahre 1937/38 aus, in denen das Offizierkorps der Roten Armee in allen seinen Rängen schätzungsweise ein Drittel seines Bestandes (ca. 20–25 000 Offiziere) verloren hatte. Darunter befand sich der größte Teil der Generalität. Für die Heranbildung des Ersatzes war auch in den speziell hierfür eingerichteten Kurzlehrgängen ein Zeitraum von zwei Jahren als Minimum vorgesehen.

Zwischen diesen beiden funktionalen Schwächungen und der Tragfähigkeit der *strategischen Planung* bestand eine enge Wechselwirkung. Die am 1. Januar 1939 in der Pravda verkündete Zielsetzung lautete in den Worten Stalins: „Wir müssen jederzeit bereit sein, einen bewaffneten Angriff auf unser Land zurückzuschlagen und den Feind auf seinem eigenen Territorium zu vernichten." Diese der Roten Armee zugewiesene schwere Aufgabe entsprang weniger einer zu optimistischen Einschätzung ihrer Möglichkeiten als vielmehr der Sorge, daß ein Vordringen „imperialistischer" Mächte auf sowjetisches Gebiet nicht nur eine Gefährdung, sondern eine Existenzbedrohung darstellen würde. In Analogie zur alliierten Intervention 1918/19 mußte davon ausgegangen werden, daß ein militärischer Angriff mit dem Versuch verknüpft werden würde, für die UdSSR lebenswichtige Landesteile abzusprengen. Dabei mochten ungelöste Nationalitätenprobleme (vor allem in der Ukraine, aber auch in Transkaukasien) als Hebel dienen. Darüber hinaus drohte bei militärischen Rückschlägen der Roten Armee eine schwere Erschütterung des stalinistischen Herrschaftssystems – Folge der terroristischen Praktiken der Säuberungen – und im Fall eines tieferen Eindringens der Feinde in das europäische Rußland der Zusammenbruch des „einzigen sozialistischen Staates".

Eine solche Katastrophe war umso mehr zu fürchten, als trotz des Aufbaus neuer Industriezentren im Ural und in Mittelasien immer noch 75 Prozent der sowjetischen Industrie in den Gebieten von Leningrad, Moskau und Char'kov konzentriert waren. Sie lagen mithin im Fall eines Angriffs in einer gefährdeten Zone, wenn sich das Konzept der offensiven Verteidigung mit der Entscheidungsschlacht im Grenzraum und dem anschließenden Vorstoß auf das feindliche Territorium als nicht realisierbar erwies. Dabei war das ideologische Axiom, daß die Rote Armee als „Armee des internationalen Proletariats" (Felddienstordnung von 1929) beim Vordringen auf das Territorium einer imperialistischen Macht mit der Unterstützung der bisher unterdrückten und nun „befreiten" Massen rechnen könne, seit der Ausschaltung Marschall M. N. Tuchačevskijs 1937 fallengelassen worden. So dürften die systematischen Anstrengungen der eigenen Propaganda, die öffentliche Meinung im Sinne einer Unbesiegbarkeit des Systems zu beeinflussen, wie dies besonders augenfällig am Tag der Roten Armee, am 23. Februar 1939, geschah, wohl kaum die oberste sowjetische Führung über die wirklichen Verhältnisse hinweggetäuscht haben.

Das Ziel, die Invasion einer imperialistischen Macht bereits an der Grenze abzufangen und im Gegenstoß den Feind vernichtend zu schlagen, konnte unter den am Vorabend des Zweiten Weltkrieges gegebenen Voraussetzungen schwerlich erreicht werden. Umso größere Bedeutung mußte somit für die Verbesserung dieser Voraussetzungen eine abschirmende Außenpolitik erlangen. Eine Einstufung möglicher Konstellationen nach dem Grad ihrer Gefährlichkeit für die Sowjetunion vermochte zugleich Hinweise auf den einzuschlagenden außenpolitischen Kurs zu geben.

Die gefährlichste Situation überhaupt wäre für die Sowjetunion ein Zweifrontenkrieg gegen Deutschland und Japan gewesen, bei dem die europäischen Westmächte und die USA auf jegliches Engagement verzichtet hätten. Die Hauptaufgabe der sowjetischen Diplomatie mußte folglich darin bestehen, diese Möglichkeit auszuschließen. Aber auch ein Angriff Deutschlands allein, mit Rückendeckung durch die Westmächte und bei unklarer Haltung Japans, war als äußerst gefährlich anzusehen. Um im Ernstfall nicht isoliert zu sein, galt es daher diejenigen Kräfte in den imperialistischen „Nicht-Aggressor-Staaten" zu unterstützen, die den Interessengegensatz zu den anderen imperialistischen Mächten als entscheidend ansahen. Gleichzeitig mußte die Position derer geschwächt werden, die man verdächtigte, mit den „Aggressoren" eine Neuverteilung der Erde auf Kosten der Sowjetunion arrangieren zu wollen. Die Alternative, eine feste Bindung an die „Nicht-Aggressor-Staaten", barg die Gefahr in sich, die „Aggressoren" zu einem Angriff auf die Sowjetunion zu provozieren, bei dem die Befürworter einer Schwächung der Sowjetunion in den verbündeten Staaten möglicherweise diese Chance wahrnehmen konnten.

Die günstigste weltpolitische Situation für die Sowjetunion mußte andererseits darin bestehen, daß sich die kriegerische Auseinandersetzung zwischen den imperialistischen „Aggressoren" und den „besitzenden" Mächten vollzog, ohne daß die Sowjetunion in den Krieg verwickelt wurde. Während sich die kapitalistischen Mächte schwächten, würde es der Sowjetunion möglich sein, ihre Schwächen zu beseitigen und, wie es Stalin schon 1925 propagiert hatte, ihre Kräfte danach in die Waagschale zu werfen.[7] Jedes vorzeitige Festlegen für die eine oder andere Seite vor Beginn oder während des Krieges mußte diese Chance zunichte machen.

Anmerkungen

1 Die Literatur zum Thema „sowjetische Außenpolitik 1939–1945" ist nach über zwanzigjähriger Forschung heute selbst für den Spezialisten nahezu unübersehbar. Wichtigste bibliographische Wegweiser: M. Günzenhäuser, Die Bibliographien zur Geschichte des zweiten Weltkrieges. In: Jahresbibliographie. Bibliothek für Zeitgeschichte. 1961. Frankfurt a. M. 1963. S. 511–565; Velikaja Otečestvennaja vojna Sovetskogo Sojuza (1941–1945 gg.). Bibliografija sovetskoj istoričeskoj literatury za 1946–1959 gg. Zsgest. v. G. A. Kumanev. Moskau 1960; Soviet Foreign Relations and World Communism. Hrsg. v. Th. T. Hammond. Princeton 1965; Revue d'histoire de la deuxième guerre mondiale. Nr. 1ff., Paris 1950ff. (insbesondere Nr. 43, Juli 1961, S. 71–88: V. Matsulenko, V. Sékistov, Historiographie soviétique); Jahresbibliographie. Bibliothek für Zeitgeschichte. 1960ff. Frankfurt a. M. 1961ff.; J. Ziegler, World War II. Books in English 1945–1965. Stanford 1970; J. Erickson, The Soviet Union at War (1941–1945). In: Soviet Studies. Bd. 14, 1962/63, Nr. 3. S. 249–274; A. V. Karasev, Kratkij obzor literatury po istorii Velikoj Otečestvennoj vojny. In: Voprosy istorii. 1961, Nr. 6. S. 115–125. – Allgemeine Darstellungen aus sowjetischer Sicht: L. N. Ivanov, Očerki meždunarodnych otnošenij v period vtoroj mirovoj vojny (1939–1945 gg.). Moskau 1958; G. A. Deborin, Der zweite Weltkrieg. (Aus d. Russ.) Berlin 1959; Geschichte der internationalen Beziehungen 1917–1939, 1939–1945. Hrsg. v. W. G. Truchanowski. (Aus d. Russ.) Berlin 1963–1965; V. A. Sekistov, Vojna i politika. Voenno-istoričeskij očerk. Moskau 1969 – Kritik an der sowjetkommunistischen Axiomatik in der Geschichtsschreibung: M. P. Gallagher, The Soviet History of World War II. Myths, Memories and Realities. New York 1963; B. S. Telpuchowski, Die sowjetische Geschichte des Großen Vaterländischen Krieges 1941–1945. Hrsg. u. kritisch erläutert v. A. Hillgruber u. H.-A. Jacobsen. Frankfurt a. M. 1961. S. 13 Eff. – Allgemeine Darstellungen aus nichtkommunistischer Sicht: M. Beloff, The Foreign Policy of Soviet Russia, 1929–1941. Bd. 1–2, London 1947–1949; D. J. Dallin, Soviet Russia's Foreign Policy, 1939–1942. New Haven, Conn. 1942; G. F. Kennan, Sowjetische Außenpolitik unter Lenin und Stalin. (Aus d. Amerik.) Stuttgart 1961; A. B. Ulam, Expansion and Coexistence. The History of Soviet Foreign Policy 1917–1967. London 1968; M. D. Shulman, Stalin's Foreign Policy Reappraised. Cambridge, Mass. 1963; W. Wagner, Die Teilung Europas. Geschichte der sowjetischen Expansion bis zur Spaltung

Deutschlands 1918–1945. 2. Aufl., Stuttgart 1960; I. Deutscher, Stalin. Die Geschichte des modernen Rußland. Stuttgart 1951.

2 J. Stalin, Rechenschaftsbericht an den XVIII. Parteitag über die Arbeit des ZK der KPdSU (B). Berlin 1949; russisch: I. V. Stalin, Sočinenija. Bd. 1 (XIV). Hrsg. v. R. H. McNeal. Stanford 1967. S. 338–402. – Für die Nachwirkung dieser Sicht in der sowjetischen Geschichtsschreibung: J. Boltin, G. Deborin, Über den Charakter des 2. Weltkrieges. In: Probleme des Friedens und des Sozialismus. 1959, Nr. 9. S. 28–35; E. Boltin, O proischoždenii i političeskom charaktere vtoroj mirovoj vojny. In: Voprosy istorii KPSS. 1959, Nr. 4. S. 35–55; V. Chvostov, Poučitel'nye uroki istorii. In: Kommunist. 1959, Nr. 12. S. 92–103; V. M. Chvostov, A. M. Nekrič, Kak voznikla vtoraja mirovaja vojna. Moskau 1959; G. A. Deborin, O charaktere vtoroj mirovoj vojny. Moskau 1960; A. Erusalimskij, O voennych blokach v Evrope. In: Meždunarodnaja žizn'. 1955, Nr. 3. S. 37–56; V. Kurasov, O charaktere i periodizacii vtoroj mirovoj vojny. In: Voenno-istoričeskij žurnal. 1959, Nr. 1. S. 23–40; A. Nekritsch, W. Truchanowski, Die Wahrheit über das Jahr 1939. In: Probleme des Friedens und des Sozialismus. 1959, Nr. 9. S. 35–42; N. I. Salechov, V. I. Nemčinov, Protiv fal'sifikacii roli Sovetskogo Sojuza vo vtoroj mirovoj vojne. In: Protiv buržuaznoj fal'sifikacii istorii sovetskogo obščestva. Moskau 1960. S. 136–190. – Zur englischen Historiographie: G. N. Reutov, Pravda i vymysel o vtoroj mirovoj vojne. Moskau 1970.

3 V. Katkoff, Soviet Economy, 1940–1965. Baltimore 1961; J. Halpérin, L'économie soviétique pendant la guerre. In: Revue d'histoire de la deuxième guerre mondiale. 1952, Nr. 6. S. 16–25. – Von sowjetischer Seite hierzu: Promyšlennost' SSSR. Statističeskij sbornik. Moskau 1957; Narodnoe chozjajstvo SSSR. Statističeskij sbornik. Moskau 1956; A. Lagovskij, Strategija i ėkonomika. 2. Aufl., Moskau 1961; G. S. Kravčenko, Ėkonomičeskaja pobeda sovetskogo naroda v Velikoj Otečestvennoj vojne. In: Voennoistoričeskij žurnal. 1965, Nr. 4. S. 37–48; Ja. E. Čadaev, Ėkonomika SSSR v period Velikoj Otečestvennoj vojny (1941–1945 gg.). Moskau 1965; G. S. Kravčenko, Voennaja ėkonomika SSSR 1941–1945. Moskau 1963.

4 Zugrundegelegt wurden die Angaben in: United Nations Statistical Yearbook 1949/50. New York 1950. Da es hier lediglich auf Orientierungshilfen ankam, wurde auf eine Differenzierung nach wirtschaftswissenschaftlichen Gesichtspunkten verzichtet. Für abweichende oder genauere Ergebnisse vgl.: Annuaire statistique de la Société des Nations 1940/41. Genf 1941; Mirovoe chozjajstvo. Ežegodnik 1938/39. Moskau 1939; Wirtschaft und Statistik. Hrsg. vom Statistischen Reichsamt. 19. Jg., 1939;

Statisches Handbuch für Deutschland 1928–1944. München 1949; Annual Abstracts of Statistics. Nr. 84, 1935–1946. London 1948; B. R. Mitchell, Abstracts of British Historical Statistics, Cambridge 1962; Oxford Economic Atlas of the World 3. Aufl., Oxford 1965; N. Potter, Fr. T. Christy jr., Trends in Natural Resource Commodities. Baltimore 1962; B. H. Klein, Germany's Economic Preparations for War. Cambridge, Mass. 1959; R. Wagenführ, Die deutsche Industrie im Kriege 1939–1945. 2. Aufl., Berlin 1963; W. G. Hoffmann, Das Wachstum der deutschen Wirtschaft seit der Mitte des 19. Jhs. Berlin 1965; Ch. Webster, Noble Frankland. The Strategic Air Offensive against Germany 1939–1945. Bd. 4, London 1961; J. B. Cohen, Japan's Economy in War and Revonstruction. Minneapolis 1949. – Für die zeitgenössische sowjetische Beurteilung vgl.: Konjunkturnyj bjulleten' žurnala mirovoe chozjajstvo i mirovaja politika. 1939, Nr. 2.

5 In der sowjetischen Kriegsgeschichtsschreibung wurde die Problematik des Rüstungsstandes wiederholt aufgegriffen: A. N. Lagovskij, Strategija ėkonomika. 2. Aufl., Moskau 1961; G. Kravčenko, Ėkonomičeskaja pobeda sovetskogo naroda v Velikoj Otečestvennoj vojne. In: Voenno-istoričeskij žurnal. 1965, Nr. 4. S. 37–48; A. Grečko, 25 let tomu nazad, ebd., 1966, Nr. 6. S. 3–15; G. K. Schukow, Erinnerungen und Gedanken. (Aus d. Russ.) Stuttgart 1969; P. Grigorenko, Der sowjetische Zusammenbruch 1941. (Aus d. Russ.) Frankfurt a. M. 1969.

6 Geschichte des Großen Vaterländischen Krieges der Sowjetunion. (Aus d. Russ.) Bd. 1, Berlin 1962; V. A. Anfilov, Načalo Velikoj Otečestvennoj vojny. Moskau 1962; P. Korkodinov, Fakty i mysli o načal'nom periode Velikoj Otečestvennoj vojny. In: Voenno-istoričeskij žurnal. 1965, Nr. 10. S. 26–34; N. F. Kuz'min, Na straže mirnogo truda (1921–1940 gg.). Moskau 1959; A. M. Nekrič, 1941 g. 22. ijunja. Moskau 1965; deutsch: A. Nekritsch, P. Grigorenko, Genickschuß. Die Rote Armee am 22. Juni 1941. Wien 1969; Nekrič' Buch entfachte in der Sowjetunion einen Meinungsstreit. Für die jeweilige pro- oder contra-Position: G. Fedorov, Mera otvetstvennosti. In: Novyj mir. 1966, Nr. 1. S. 260–263; G. A. Deborin, B. S. Tel'puchovskij, V idejnom plenu u fal'sifikatorov istorii. In: Voprosy istorii KPSS. 1967, Nr. 9. S. 127–140. Die westliche Forschung ist zu diesem Thema noch weitgehend auf die geringen sowjetischen Angaben angewiesen, wenn sie sich nicht auf die westlichen Schätzungen aus der Vorkriegszeit stützt: J. M. Mackintosh, A History of the Soviet Armed Forces. New York 1967; J. Erickson, The Soviet High Command. A Military-Political History. London 1962; M. Garder, Histoire de l'armée soviétique. Paris

1959; Robert Goudima, L'Armée rouge dans la paix et la guerre. Paris 1947; Die Rote Armee. Zsgest. u. bearb. v. B. H. Liddell Hart. Bonn 1957.
7 Rede J. W. Stalins auf der Plenartagung des ZK der KPR (B) am 19. Januar 1925 (J. W. Stalin, Werke. Bd. 7, Berlin 1952. S. 11 f.).

2. Diplomatische Schritte in der europäischen Krise 1939

Im Kreml konnte im Frühjahr 1939 davon ausgegangen werden, daß der Versuch gescheitert war, mit Hilfe der von M. M. Litvinov konzipierten Politik der „Kollektiven Sicherheit" in Kooperation mit den „anti-revisionistischen" Mächten Westeuropas den 1919/20 entstandenen Status quo in Mitteleuropa zu erhalten und damit die Dynamik Hitler-Deutschlands einzudämmen. Es hat den Anschein, als sei das nur bedingte Interesse Großbritanniens an der Erhaltung des territorialen Status quo in Mitteleuropa von sowjetischer Seite falsch eingeschätzt worden. In Stalins Sicht waren es die Westmächte gewesen, die im September 1938 in München zurückgewichen waren. Die Wiederholung einer solchen Situation, in der die Sowjetunion isoliert der Viererkombination der übrigen europäischen Großmächte gegenübergestanden hatte, mußte ausgeschlossen werden. Es kam infolgedessen zu Beginn des Jahres 1939 darauf an, in einer Politik, die sich nach allen Seiten offen hielt, den Ausbau der Handelsbeziehungen zu den wichtigsten Staaten und die Intensivierung des Einflusses in allen angrenzenden Staaten zu forcieren.

Die sowjetische Außenpolitik war in ihrer Bewegungsfreiheit vor allem durch die auch ideologisch erschwerten *Beziehungen zu Deutschland* gehemmt, denen mithin bei einer Neuorientierung besondere Bedeutung zukam.[1] Am 11. Januar 1939 schlug die sowjetische Regierung der deutschen Seite vor, die Anfang 1938 auf deutsche Initiative hin eingeleiteten, aber nur schleppend geführten Kreditverhandlungen von Berlin nach Moskau zu verlegen. Eine neue 200 Millionen RM-Anleihe sollte die UdSSR dazu veranlassen, den letzten, am 9. April 1935 gewährten gleich hohen Kredit durch Rohstofflieferungen vorzeitig abzulösen. Eine zu diesem Zweck vorbereitete Reise des Leiters des Referats Osteuropa im Auswärtigen Amt, Legationsrat J. Schnurre, nach Moskau wurde aufgegeben und der Verhandlungsort wieder nach Berlin zurückverlegt, nachdem der Reiseplan Gegenstand westlicher Pressemeldungen geworden war. Die einmal hergestellten Kontakte zwischen dem Volkskommissar für Außenhandel A. I. Mikojan und Schnurre blieben jedoch in den nunmehr nur noch kurz unterbrochenen Verhandlungen bestehen, und seit dem 22. Mai 1939 verknüpfte die sowjetische Seite ein positives Ergebnis dieser Wirtschaftsverhandlungen mit dem Verlangen nach Klärung der politischen Grundlage.

Der oben erwähnten Ankündigung neuer außenpolitischer Grundsätze durch Stalin entsprach die Antwort M. M. Litvinovs vom 18. März auf die deutsche Mitteilung über die Eingliederung des Protektorats Böhmen und Mähren in das Großdeutsche Reich. Die Zerschlagung der Tschechoslowakei wurde darin zwar als „willkürlich, gewalttätig, aggressiv" bezeichnet, und es wurde erklärt, daß die Sowjetregierung die Einverleibung „nicht als rechtmäßig anerkennen" und der tschechoslowakische Gesandte in Moskau, Z. Fierlinger, weiter seine Funktionen ausüben werde; doch verzichtete die sowjetische Regierung auf einen offiziellen Protest. Ebensowenig nahm sie gegen die Bildung des deutschen „Schutzstaates" Slowakei oder gegen die Annexion der Karpato-Ukraine durch Ungarn Stellung, eines Gebiets, das von Moskau ohnedies als „ukrainisches Piemont" mit Mißtrauen betrachtet worden war.

Die verwirrende Aktivität der britischen Diplomatie unmittelbar nach Hitlers „Griff nach Prag" ermöglichte es dem Kreml, in der großen Politik auch weiterhin „in der Hinterhand" zu bleiben, obwohl Deutschland der UdSSR nun bedrohlich nahe gerückt war. Am 17. März 1939 löste die unzutreffende Mitteilung des rumänischen Gesandten in London über ein deutsches Ultimatum an sein Land eine britische Anfrage bei den Regierungen Frankreichs, der Sowjetunion, Polens, der Türkei, Griechenlands und Jugoslawiens aus.[2] Die sowjetische Regierung antwortete am 19. März mit dem Vorschlag, eine Konferenz dieser sieben Regierungen in Bukarest einzuberufen. Der britische Gegenvorschlag vom 21. März 1939 wurde von Moskau unter der Bedingung akzeptiert, daß auch Polen zustimme. Er sah vor, baldmöglichst eine Erklärung durch die Regierungen Großbritanniens, Frankreichs, der Sowjetunion und Polens unterzeichnen zu lassen, in der sich diese vier Mächte im Falle der Bedrohung der politischen Unabhängigkeit eines europäischen Staates zu gemeinsamem Widerstand verpflichten sollten. Der polnische Außenminister J. Beck verwarf am 23. März den britischen Schritt wegen der Hinzuziehung der Sowjetunion und schlug stattdessen ein bilaterales Abkommen zwischen Polen und Großbritan-

nien vor, obwohl zwei Tage zuvor die seit dem 24. Oktober 1938
mehrfach vorgetragenen deutschen Forderungen nach Rückkehr der
Freien Stadt Danzig und einer exterritorialen Straßen- und Eisen-
bahnverbindung zwischen Ostpreußen und dem übrigen Reichsgebiet (gegenüber dem polnischen Botschafter in Berlin, J. Lipski)
noch einmal wiederholt worden waren. Die der deutschen Seite am
26. März 1939 zugeleitete endgültige Ablehnung der polnischen Regierung ließ dann – wie zu erwarten – das deutsch-polnische Gespräch abreißen. Unzutreffende Nachrichten über ein unmittelbar
bevorstehendes gewaltsames deutsches Vorgehen gegen Polen veranlaßten die britische Regierung am 31. März 1939 zur öffentlichen
Erklärung der Garantie der Unabhängigkeit Polens, die am 6. April
in ein gegenseitiges britisch-polnisches Beistandsversprechen umge-
wandelt wurde. Die britische Garantie wurde am 13. April – nach
der Annexion Albaniens durch Italien (7. April 1939) – auf Rumänien und Griechenland und schließlich in einer britisch-türkischen
Deklaration vom 12. Mai auch auf die Türkei ausgedehnt. Frankreich, dessen Beistandsvertrag mit Polen vom 16. Oktober 1925
noch in Kraft war, schloß sich den britischen Garantieerklärungen
für Rumänien, Griechenland und die Türkei an.
    Diese abrupte politische *Festlegung Großbritanniens und Frank-
reichs* zugunsten Polens, Rumäniens und der Türkei für den Fall einer deutschen bzw. italienischen Aggression gegen diese Staaten
trennte die Sowjetunion gleichsam durch eine britische Pufferzone
von Deutschland. Damit hatte sich die Verhandlungsposition der
sowjetischen Regierung wesentlich verbessert. Sie konnte nun wäh-
len, ob sie gegebenenfalls zusammen mit den Westmächten gegen
den „Aggressor" vorgehen oder aber den Krieg auf Mittel- und
Westeuropa beschränkt lassen wollte. Bedingung hierfür war allerdings, daß es nicht doch noch – ein Trauma der sowjetischen Führung – zu einem deutsch-britischen Arrangement kam, das Hitler
den Weg nach Osten freigab. Die Entschlossenheit Stalins, die ihm
zugefallene günstige Position in Sondierungen und Verhandlungen
nach beiden Seiten – gegenüber Großbritannien und Frankreich wie
gegenüber Deutschland – zur Verbesserung der weltpolitischen
Stellung der Sowjetunion und zu einer vorteilhafteren strategischen
Absicherung ihres Territoriums nach Westen zu nutzen, wurde wenige Wochen danach offenkundig.

Auch das gespannte *Verhältnis zu Japan* zwang dazu, einen befürchteten deutsch-britischen Ausgleich zu verhindern und sich aus dem Gegensatz zwischen den „Achsen"-Ländern und den Westmächten nach Möglichkeit herauszuhalten.[3] Bereits vom 12. Juli bis 12. August 1938 war es im Grenzzwischenfall von Changkufeng an der koreanisch-sowjetisch-mandschurischen Grenze zu schweren Kämpfen gekommen, die nur mit Mühe eingedämmt werden konnten. Am 12. Mai 1939 entbrannte zwischen mehreren sowjetischen und japanischen Divisionen an der mandschurisch-mongolischen Grenze im Nomonhan-Gebiet eine Schlacht, die sich den ganzen Sommer 1939 über mit wechselnder Heftigkeit hinzog. Die anhaltenden Grenzkämpfe beschworen für die Sowjetunion die Gefahr eines Zweifrontenkrieges an ihrer fernöstlichen und an der europäischen Flanke herauf, falls sich die sowjetische Führung zu einer Entscheidung gegen Deutschland durchrang.

Die Initiative zu den mit England und Frankreich sowie mit Deutschland parallel geführten Verhandlungen und geheimen diplomatischen Kontakten ging im Fall der Westmächte von diesen, im Fall Deutschlands von der Sowjetregierung aus. Am 14. April 1939 schlug Paris der UdSSR ein Militärbündnis vor, das – in Anlehnung an den sowjetisch-französischen Beistandspakt vom 2. Mai 1935 – bei einem deutschen Angriff auf Polen oder Rumänien wirksam werden sollte. London andererseits regte am 15. April an, die sowjetische Regierung solle eine einseitige Erklärung abgeben, daß sie im Falle eines deutschen Angriffs gegen einen ihrer ostmitteleuropäischen Nachbarn – falls von diesem erwünscht – Beistand leisten würde. Moskau antwortete auf beide Vorschläge am 18. April mit dem detailliert gehaltenen Entwurf eines *Dreierbündnisses* Sowjetunion–Großbritannien–Frankreich, das sich in einer Hilfeleistung der Großmächte zugunsten aller einer Aggression ausgesetzten Staaten auswirken sollte, „die zwischen der Ostsee und dem Schwarzen Meer gelegen sind und die an die Sowjetunion grenzen".[4]

Indessen hatte die sowjetische Diplomatie bereits am 17. April das Spiel nach der anderen Seite eröffnet und ihren Botschafter in Berlin, A. Merekalov, gegenüber dem Staatssekretär des Auswärtigen Amtes, E. Frhr. v. Weizsäcker, erklären lassen, „die russische Politik sei immer geradlinig gewesen, ideologische Meinungsverschiedenheiten . . . brauchten auch das Verhältnis zu Deutschland nicht zu stören. Es bestehe für Rußland kein Grund, nicht in normalen Beziehungen zu Deutschland zu stehen. Aus normalen Beziehungen könnten auch fortschreitend bessere werden".[5]

Während der sowjetische Vorschlag vom 18. April in Paris überwiegend positiv aufgenommen wurde, lehnte die britische Regierung einen über den Schutz der unmittelbar von Deutschland bedrohten Staaten hinausgehenden umfassenden Bündnisvertrag ab (21. April 1939). Sie ließ jedoch über ihren Botschafter in Moskau, Sir W. Seeds, den Verhandlungsfaden mit der Sowjetregierung fortspinnen, nachdem sich die französische Regierung ihrer politischen Linie angeschlossen hatte. Diese negative Reaktion der britischen Regierung und das Einschwenken Frankreichs auf den Kurs Großbritanniens dürften dazu beigetragen haben, daß sich Stalin zur Entlassung M. M. Litvinovs entschloß, der als Exponent der bisherigen Politik im Rahmen des Völkerbundes, des Zusammengehens mit den westlichen Demokratien gegen die faschistischen Staaten nach dem Prinzip der „Kollektiven Sicherheit", galt. Mit der Ernennung seines Nachfolgers, des Vorsitzenden des Rats der Volkskommissare, V. M. Molotov, wurde am 3. Mai ein neues Signal an die deutsche Adresse zur Bekräftigung der außenpolitischen Flexibilität der Sowjetführung gegeben. Molotov wiederholte in seiner ersten Rede als Außenkommissar am 31. Mai 1939 vor dem Obersten Sowjet die entscheidenden Worte aus der Rede Stalins auf dem Parteikongreß und kritisierte offen die Politik der Westmächte.

Nach langwierigen Verhandlungen mit den Botschaftern Großbritanniens (W. Seeds) und Frankreichs (P. E. Naggiar), zu deren Unterstützung die britische Regierung am 14. Juni den Leiter der Mitteleuropa-Abteilung im Foreign Office, W. Strang, nach Moskau entsandt hatte, kam es am 24. Juli dennoch zur Paraphierung des Entwurfs für ein politisches Abkommen zwischen den drei Großmächten.[6] Es sollte nach Unterzeichnung einer erst noch auszuhandelnden Militärkonvention in Kraft treten. Der Text dieses Entwurfs stellte in den entscheidenden Partien einen Formelkompromiß zwischen einem von den Westmächten angestrebten Garantieabkommen und einem von der Sowjetunion geforderten festen Defensivbündnis dar. Bei diesem Kompromiß blieb die Definition der „indirekten Aggression", die der Sowjetunion ein Eingreifen in den bedrohten Ländern ermöglichen sollte, auch ohne daß eine offene militärische Aktion Deutschlands vorlag, über den Zeitpunkt der Paraphierung hinaus umstritten. In einer äußerst kompliziert gehaltenen Formulierung hieß es, daß die drei Mächte sich verpflichteten, „sich gegenseitig und unverzüglich den ganzen Beistand ihrer Macht zu leihen für den Fall, daß eines dieser Länder in Feindseligkeiten mit einer europäischen Macht verwickelt sein würde infolge einer Aggression, welche diese Macht gleichviel gegen welche dieser drei Staaten richtet oder infolge einer Aggression (direkt oder indirekt), welche durch diese Macht gegen einen anderen europäischen Staat gerichtet wird, dessen Unabhängigkeit oder Neutralität gegen eine solche Aggression die interessierte vertragschließende Partei zu verteidigen sich verpflichtet fühlt. Der Ausdruck ‚Aggression (direkt oder indirekt), welche durch diese Macht gegen einen anderen europäischen Staat gerichtet wird' soll verstanden werden als Entsprechung für eine Aktion, welche von dem fraglichen Staat unter Gewaltandrohung durch eine andere Macht angenommen wird und den Verlust seiner Unabhängigkeit oder seiner Neutralität zur Folge hat."

In einem nicht veröffentlichten Protokoll wurde der Geltungsbereich des Vertrages auf folgende Staaten festgelegt: Finnland, Estland, Lettland, Polen, Rumänien, Türkei, Griechenland und Belgien. Die Sowjetregierung hatte die Einbeziehung der Niederlande und der Schweiz, aber auch Litauens, mit dem die UdSSR keine gemeinsame Grenze besaß, abgelehnt. Eine deutsche Aktion gegen die Niederlande oder die Schweiz, die keine diplomatischen Beziehungen zur Sowjetunion unterhielten und daher ebenfalls nicht genannt waren, hätte die Sowjetunion demnach nicht zur Hilfeleistung verpflichtet. Litauen wurde von der sowjetischen Regierung damals offenbar noch nicht als zu ihrem ostmitteleuropäischen Interessenbereich gehörig betrachtet.

Trotz der formell beschlossenen Einbeziehung Estlands und Lettlands in den Geltungsbereich des Vertrags lehnte die britische Regierung weiterhin jede Interpretation des Begriffs „indirekte Aggression" als mit der Souveränität der Baltischen Staaten unvereinbar ab.[7] Sie hätte der Sowjetunion eine Intervention ermöglicht, ohne daß eine zweifelsfreie Gewaltandrohung von deutscher Seite vorlag. Inzwischen hatte das Deutsche Reich, auf die Dreierverhandlungen in Moskau zielend, am 7. Juni 1939 mit Lettland und Estland Nichtangriffspakte abgeschlossen. Obwohl Frankreich sich schließlich der Haltung der Sowjetregierung näherte, hielt die britische Regierung strikt an ihrer Auffassung fest und widersetzte sich damit der Errichtung einer sowjetischen Vormachtstellung in den Baltischen Staaten als Preis für ein Dreierbündnis. In britischer Sicht bedeutete bereits die Einbeziehung Estlands und Lettlands in den Geltungsbereich des Vertrages, ohne ausdrückliche Zustimmung ihrer Regierungen, die Aufgabe eines in den Verhandlungen lange festgehaltenen politischen Prinzips.

Das alte und wechselseitige Mißtrauen zwischen Großbritannien und der Sowjetunion hatte die Verhandlungen in Moskau im Sommer 1939 von Anfang an gekennzeichnet. Auf sowjetischer Seite war dieser Argwohn nicht nur durch die hartnäckige Verhandlungsführung der Engländer in der baltischen Frage, sondern auch durch Pressemeldungen über deutsch-britische Geheimverhandlungen erheblich verstärkt worden. In sensationeller Aufmachung wurde dort am 22. Juli über Gespräche des Ministerialdirektors im Amt für den Vierjahresplan, H. Wohlthat, mit dem Chef des „Civil Service" und Vertrauten des britischen Premierministers N. Chamberlain, Sir H. Wilson, und dem Leiter der Überseeabteilung im britischen Handelsministerium, R. S. Hudson, berichtet, die einer Generalbereinigung der britisch-deutschen Streitpunkte gegolten hätten.[8]

Vor diesem bedrohlichen Hintergrund und angesichts der kriegerischen Auseinandersetzung an der fernöstlichen Grenze entschloß sich die sowjetische Führung zu einem Wink an die deutsche Adresse: In der Pravda und den Izvestija wurde am gleichen 22. Juli die Mitteilung veröffentlicht, daß die – in Wahrheit gar nicht unterbrochenen – deutsch-sowjetischen Wirtschaftsverhandlungen wieder aufgenommen seien. Bei einem Treffen mit dem sowjetischen Geschäftsträger in Berlin, G. A. Astachov, und dem stellvertretenden Leiter der sowjetischen Handelsvertretung, E. Babarin, am 26. Juli nahm Legationsrat Schnurre die sowjetische Anregung vom 22. Mai auf und sprach erstmals von einer „Neuordnung" des deutsch-sowjetischen Verhältnisses „unter Berücksichtigung der beiderseitigen lebenswichtigen politischen Interessen".[9] Außenpolitische Gegensätze bestünden seiner Meinung nach „auf der ganzen Linie von der Ostsee bis zum Schwarzen Meer und dem Fernen Osten" nicht. Am 29. Juli erhielt der deutsche Botschafter in Moskau, W. Graf v. d. Schulenburg, von Ribbentrop die Weisung, Molotov die deutschen Vorstellungen zu verdeutlichen. Deutschland sei bereit, in der polnischen Frage „alle sowjetischen Interessen" und im Fall der Baltischen Staaten „lebenswichtige Ostseeinteressen" der Sowjetunion zu wahren.[10] Diese ersten Andeutungen einer deutschen Bereitschaft zur Anerkennung einer sowjetischen Vormachtrolle im Baltikum gingen bereits über das hinaus, was die britische Seite in den Dreierverhandlungen zugestanden hatte. Die parallel laufenden Verhandlungen der Westmächte und Deutschlands mit der sowjetischen Regierung nahmen nunmehr, besonders auf Seiten des jetzt vorwärts treibenden Hitler, Züge eines Wettlaufs um einen Vertragsabschluß an. Am 31. Juli wurde von Premierminister Chamberlain die Entsendung einer Militärdelegation nach Moskau zum Abschluß der im Vertragsentwurf vom 24. Juli vorgesehenen Konvention angekündigt. Allerdings trafen die britische und die französische Delegation (unter Führung von Admiral Sir R. Drax bzw. General J. Doumenc) erst am 11. August in Moskau ein. Bis dahin verhielt sich die sowjetische Regierung gegenüber den deutschen Annäherungsversuchen betont reserviert, obwohl die Zuspitzung der Situation auf dem fernöstlichen Kriegsschauplatz auch ihr eine baldige Entscheidung nahelegte.

Die am 12. August 1939 aufgenommenen *Verhandlungen der Militärdelegationen* (Leiter der sowjetischen Delegation: Marschall K. E. Vorošilov) erwiesen sehr schnell, daß die Sowjetunion im Kriegsfall die Hauptlast der Landkriegführung tragen und die bei weitem stärksten Kräfte der „Alliierten" stellen würde.[11] Demgegenüber würde der Beitrag Großbritanniens auf dem Kontinent sehr begrenzt bleiben. Der sowjetische Generalstabschef, B. M. Šapošnikov, bezifferte die von der Sowjetunion einzusetzenden Kräfte mit 120 Infanterie- und 16 Kavalleriedivisionen, 5000 schweren Geschützen, 9000–10000 Panzern sowie 5000–5500 Bomben- und Jagdflugzeugen. (Frankreich wollte 90 Divisionen und 2000 Flugzeuge ins Feld führen, Großbritannien 16 Divisionen bei Kriegsbeginn mobilisieren.) Wie weit sich die sowjetische Führung darüber klar war, daß Deutschland damals überhaupt nicht zu einer wirkungsvollen Kriegführung gegen die drei Großmächte in der Lage war, es somit – objektiv gesehen – gar nicht auf die in den Verhandlungen diskutierte Frage, welcher Verbündete die meisten Opfer zu tragen haben werde, ankam, muß offen bleiben.

Die Verhandlungen scheiterten primär auch nicht an der mehr oder weniger redlichen Offenlegung der einsatzbereiten Kräfte der drei Großmächte, sondern an der Frage des Durchmarschrechts der Roten Armee durch Polen und durch Rumänien zwecks Unterstützung dieser Staaten bei der Abwehr einer deutschen Aggression. Diese Frage, die das politische Dilemma der Westmächte zwangsläufig offenbaren mußte, wurde von Vorošilov in der Sitzung der Militärdelegationen am 14. August 1939 aufgeworfen. Als bis zum 17. August von der britischen und der französischen Regierung keine Antwort auf die damit notwendig gewordene politische Grundsatzentscheidung in Moskau eingetroffen war, wurden die Verhandlungen auf den 21. August vertagt. Trotz aller Bemühungen war es der britischen Regierung nicht gelungen, von Warschau eine Zustimmung zu erreichen. Im Gegensatz zur französischen Regierung, die darüber hinwegging und am 22. August ihre Zusage erteilte, war Großbritannien nicht bereit, ohne eine Zusage Polens die Frage Vorošilovs im gewünschten Sinne zu beantworten. Die Abfuhr, die der sowjetische Delegationsführer dem Vertreter Frankreichs gab, zeigte indessen, daß selbst eine mit der französischen Haltung übereinstimmende britische Antwort nicht ausgereicht hätte, um die Konvention zustande zu bringen. Vorošilov beharrte vielmehr auf der offiziellen Zustimmung der polnischen Regierung.

Im Grunde ging es der Sowjetregierung darum, die Schuld am Scheitern der Verhandlungen den Westmächten zuzuschieben, um ein Alibi für den seit dem 19. August feststehenden Vertragsabschluß mit Deutschland zu gewinnen. Am Tage des Beginns der Militärverhandlungen in Moskau, am 12. August, hatte die sowjetische Regierung über ihren Geschäftsträger in Berlin, Astachov, der deutschen Seite zu verstehen gegeben, daß sie an Verhandlungen auf breiter Grundlage („stufenweise Behandlung der Fragen") interessiert sei und Moskau als Ort der sowjetisch-deutschen Verhandlungen vorschlage.[12] Am 14. August bot Ribbentrop an, „nach Moskau zu kommen, um namens des Führers Herrn Stalin die Auffassung des Führers auseinanderzusetzen".[13] Auf konkrete Sachfragen Molotovs eingehend, erklärte Ribbentrop am 16. August die deutsche Bereitschaft zum Abschluß eines nicht kündbaren Nichtangriffspakts auf 25 Jahre und zur gemeinsamen Garantie der Baltischen Staaten durch Deutschland und die UdSSR. Außerdem sagte er zu, seinen Einfluß bei der japanischen Regierung zwecks „Konsolidierung der russisch-japanischen Beziehungen" geltend zu machen.[14] Am 17. August forderte Molotov als erstes die Unterzeichnung des *deutsch-sowjetischen Kreditabkommens.* „Nach kurzer Zeit" könne dann der Abschluß eines Nichtangriffspakts folgen „bei gleichzeitiger Vereinbarung eines speziellen Protokolls, das die Interessen der vertragschließenden Teile an diesen oder jenen Fragen der Außenpolitik regelt und das einen integrierenden Bestandteil des Paktes bildet".[15] Damit wurde vom sowjetischen Regierungschef der Gedanke eines geheimen Zusatzprotokolls zum deutsch-sowjetischen Nichtangriffspakt ins Spiel gebracht.

Auf Drängen Ribbentrops, „sich bei Bemühungen um Klärung des deutsch-russischen Verhältnisses nicht vom Ausbruch eines deutsch-polnischen Konfliktes überraschen zu lassen" (– „er sei bereit, ein spezielles Protokoll zu unterzeichnen, das die Interessen beider Teile in diesen oder jenen Fragen der auswärtigen Politik regele, z. B. Regelung der Interessen-Sphäre im Ostsee-Gebiet, Frage der Baltenstaaten usw." –[16]) gab Stalin am 19. August nachmittags seine Verzögerungstaktik auf und ließ über Molotov der deutschen Seite einen substantiellen Vorschlag für den geplanten Nichtangriffspakt zugehen. Zu diesem Zeitpunkt muß ihm die ablehnende Haltung der polnischen Regierung gegenüber den Anstrengungen der britischen Diplomatie um eine Zusage im Sinne der sowjetischen Forderung bereits bekannt gewesen sein.

Eine erste Auswirkung dieser für die sowjetische Außenpolitik der folgenden zwei Jahre fundamentalen Entscheidung Stalins bildete die Unterzeichnung des seit Anfang 1938 immer wieder hinausgeschobenen Kreditabkommens zwischen dem Deutschen Reich und der UdSSR am Abend des 19. August in Berlin.[17] Die Sowjetregierung erhielt darin einen Wechselkredit in Höhe von 200 Millionen RM mit einer durchschnittlichen Laufzeit von sieben Jahren. Der Kredit sollte der Finanzierung industrieller Lieferungen, vor allem von Werkzeugmaschinen, dienen und durch Rohstofflieferungen der Sowjetunion an Deutschland bis 1946 abgedeckt werden. Die Sowjetunion verpflichtete sich als Gegenleistung zur Lieferung von Rohstoffen in Höhe von 180 Millionen RM innerhalb von zwei Jahren. Im ganzen stellte das Abkommen wohl den „Beginn einer Normalisierung" der seit 1933 geschrumpften deutsch-sowjetischen Wirtschaftsbeziehungen dar, jedoch noch nicht den Beginn einer „Wirtschaftspartnerschaft".

Während Molotov am 19. August als Termin für die Reise Ribbentrops nach Moskau und für den Abschluß des Nichtangriffspakts „etwa eine Woche" nach Unterzeichnung des Kreditabkommens ins Aussicht genommen hatte,[18] akzeptierte Stalin am 21. August abends die von Hitler in einem Telegramm an ihn geforderte Vorverlegung auf den 23. August, so daß das „Deutsche Nachrichten-Büro" am 21. August um 23.30 Uhr und TASS am Morgen des 22. August die bevorstehende Unterzeichnung eines deutsch-sowjetischen Nichtangriffspakts und die Reise Ribbentrops nach Moskau offiziell bekanntgeben konnten.

Anmerkungen

1 Die sowjetischen Schritte 1939 lassen sich gegenwärtig infolge Fehlens
sowjetischer Aktenveröffentlichungen – abgesehen von der Zusammenstellung offizieller Verlautbarungen: Vnešnjaja politika Sovetskogo Sojuza v period Otečestvennoj vojny. Bd. 1–3, Moskau 1946–1947, engl.
Ausg.: Soviet Foreign Policy During the Patriotic War. Bd. 1–2 (nicht
mehr ersch.), London o. J. – nur in den deutschen Akten verfolgen: Akten zur deutschen auswärtigen Politik 1918–1945, Serie D, Bd. 6 und 7,
Baden-Baden 1955–1956 (künftig zit.: ADAP D). Vorausgegangen war
die Herausgabe einer Teiledition: Das Nationalsozialistische Deutschland und die Sowjetunion 1939–1941. Akten aus dem Archiv des Auswärtigen Amts. Hrsg. v. E. M. Carroll u. F. T. Epstein. Washington
1948. Eine sowjetische „Kampfschrift" hiergegen (ohne geschichtswis-
senschaftlichen Wert): Geschichtsfälscher (Geschichtlicher Überblick).
Berlin 1948. Ferner: Protiv buržuaznoj fal'sifikacii istorii sovetskogo
obščestva. Moskau 1960. – Alle Darstellungen nichtsowjetischer Autoren
stützen sich im wesentlichen auf die deutschen Akten: A. Rossi, Zwei
Jahre deutsch-sowjetisches Bündnis. Köln 1954; G. L. Weinberg, Germany and the Soviet Union 1939–1941. Leiden 1954; M. Braubach, Hitlers Weg zur Verständigung mit Rußland im Jahre 1939. Bonn 1960;
Ph. W. Fabry, Der Hitler-Stalin-Pakt 1939–1941. Darmstadt 1962;
W. Hofer, Die Entfesselung des Zweiten Weltkrieges. Frankfurt a. M.
1964; W. L. Langer, S. E. Gleason, The World Crisis and American For-
eign Policy. The Challenge to Isolation, 1937–1940. New York 1952;
T. Higgins, Hitler and Russia. The Third Reich in a Two Front War
1937–1943. New York 1966; J. E. McSherry, Stalin, Hitler and Europe.
Bd. 1: The Origins of World War II, 1933–1939. Cleveland 1968. – Zur
Entwicklung der sowjetisch-deutschen Wirtschaftsbeziehungen 1939:
W. Birkenfeld, Stalin als Wirtschaftspartner Hitlers (1939–1941). In:
Vierteljahrsschrift für Sozial- und Wirtschaftsgeschichte. 1966, Nr. 4.
S. 477–510. – Die sowjetischen Darstellungen übergehen die Frühphase
sowjetisch-deutscher Kontakte und konzentrieren sich auf die Wendung
im August 1939: L. N. Ivanov, Očerki meždunarodnych otnošenij v period vtoroj mirovoj vojny (1939–1945 gg.). Moskau 1958; Geschichte der
internationalen Beziehungen 1917–1939, Berlin 1963; W. Basler, Zur
Vorgeschichte des deutsch-sowjetischen Nichtangriffspaktes. In: Zeitschrift für Geschichtswissenschaft. 1954, Beiheft 1. S. 126–161. – Wiederaufnahme der Thematik in jüngster Zeit: Ph. W. Fabry, Die Sowjet-

union und das Dritte Reich. Eine dokumentierte Geschichte der deutsch-sowjetischen Beziehungen von 1933–1941. Stuttgart 1971; S. Allard, Stalin och Hitler. En studie i sovjetrysk utrikespolitik 1930–41. Stockholm 1970 (dt. Bern–München 1974).

2 Die sowjetisch-britischen Kontakte seit April 1939 spiegeln sich infolge Fehlens sowjetischer Aktenveröffentlichungen bisher nur in der britischen Edition: Documents on British Foreign Policy 1919–1939, Third Series. Bd. 4–9, London 1951–1958; darauf aufbauend: Survey of International Affairs, 1939–1946. Bd. 10: The Eve of War 1939. London 1958; Memoiren des britischen Delegationsleiters: W. Strang, Home and Abroad. London 1956. – Darstellungen: E. H. Carr, Von München bis Moskau. In: Europa-Archiv. 1950, Nr. 1. S. 2713–2722 und Nr. 2. S. 2757–2764; E. Deuerlein, Die gescheiterte Anti-Hitler-Koalition. In: Wehrwissenschaftliche Rundschau. 1959, Nr. 11. S. 634–650; allgemein: Th. H. Bennett, The Soviets and Europe 1938–1941. Genève 1951; J. Lukacs, The Great Powers and Eastern Europe. New York 1953. – Von sowjetischer Seite: SSSR v bor'be za mir nakanune vtoroj mirovoj vojny (sentjabr' 1938 g.–avgust 1939 g.). Dokumenty i materialy. Moskau 1971, [dazu V. G. Truchanovskij, Pravda o 1939 gode: Novye dannye. In: Voprosy istorii. 1971, Nr. 7. S. 3–30]; A. Leonidow, Zur Geschichte des Scheiterns der britisch-französisch-sowjetischen Verhandlungen im Jahre 1939. In: Neue Zeit. 1948, Nr. 19. S. 13–19; M. Pankrašova, V. Sipols, Počemu ne udalos' predotvratit' vojnu. Moskau 1970 (auch engl. und franz. Ausg. Moskau 1970); I. D. Ostoja-Ovsjanyj, Na poroge vojny. In: Novaja i novejšaja istorija. 1971, Nr. 1. S. 52–61, Nr. 2. S. 38–53. – Zu den britisch-sowjetischen Beziehungen seit der Weltwirtschaftskrise allgemein die sowjetische Darstellung: F. D. Volkov, SSSR-Anglija 1929–1945 gg. Moskau 1964. – Grundlegend von nichtkommunistischer Warte: G. Niedhart, Großbritannien und die Sowjetunion 1934–1939. München 1972.

3 Allgemein zur sowjetischen Fernostpolitik: D. W. Treadgold, Russia in the Far East. In: Russian Foreign Policy. Hrsg. v. I. J. Lederer. New Haven, Conn. 1962. S. 531–576. – Zu den militärischen Zusammenstößen mit Japan 1938/39: M. Blumenson, The Soviet Power Play at Changkufeng. In: World Politics. 1959/60, Nr. 2, S. 249–263; A. D. Coox, High Command and Field Army: The Kwantung Army and the Nomonhan Incident, 1939. In: Military Affairs. Bd. 33, 1969, Nr. 2. S. 302–312; J. Erickson, The Soviet High Command 1918–1941. London 1962. S. 518 ff. Dagegen: F. C. Jones, Japan's New Order in East Asia. London 1954; H. Lupke, Japans Rußlandpolitik von 1939 bis 1941. Frankfurt

a. M. 1962 (auf Grund japanischer Akten). S. 11 ff.; Schukow, Erinnerungen und Gedanken, S. 150 ff.

4 Documents on British Foreign Policy 1919–1939. Third Series. Bd. 5, Doc. 201, dt.: Geschichte des Zweiten Weltkrieges in Dokumenten. Bd. 2, Freiburg i. Br. 1955, S. 167 f.

5 ADAP D. Bd. 6, S. 221 ff.

6 G. Bonnet, Fin d'une Europe. Genève 1948. Annex II, S. 401 f.; dt.: Vertrags-Ploetz. Teil 2, Bd. 4: 1914–1959. Bearbeitet v. H. K. G. Rönnefarth u. H. Euler. Würzburg 1959. S. 171 f.

7 Diese von H. v. Rimscha, Die Baltikumpolitik der Großmächte. In: Historische Zeitschrift. 177, 1954. S. 281–309, gegen B. Meissner, Die Großmächte und die baltische Frage. In: Osteuropa. 1952, Nr. 4. S. 241–250 und Nr. 5, S. 341–346, vertretene Auffassung hat sich in britischen Akten bestätigt. Vgl. auch G. Vigrabs, Die Stellungnahme der Westmächte und Deutschlands zu den Baltischen Staaten im Frühling und Sommer 1939. In: Vierteljahrshefte für Zeitgeschichte. 1959, Nr. 3. S. 261–279, und H. Rothfels, Das Baltikum als Problem internationaler Politik. In: Zeitgeschichtliche Betrachtungen. Göttingen 1959. S. 217–235. Meissner hielt in der Einleitung von: Die Sowjetunion, die Baltischen Staaten und das Völkerrecht. Köln 1956, modifiziert an seiner These fest, daß die Westmächte zumindest der Vormachtstellung der Sowjetunion in den Baltischen Staaten zugestimmt hätten.

8 In der Nachkriegsauseinandersetzung hierüber suchte die Sowjetregierung durch die Veröffentlichung von Teilen des Dirksen-Nachlasses ihre begründete Sorge vor einem deutsch-britischen Arrangement 1939 zu belegen: Dokumente und Materialien aus der Vorgeschichte des Zweiten Weltkrieges. Hrsg. v. Ministerium für Auswärtige Angelegenheiten der UdSSR. Bd. 2. Das Archiv Dirksens. Moskau 1948. – Zur Sache: H. Metzmacher, Deutsch-englische Ausgleichsbemühungen im Sommer 1939. In Vierteljahrshefte für Zeitgeschichte. 1966, Nr. 3 S. 369–412. – Deutung einer tschechoslowakischen Historikerin: A. Teichová, Die geheimen britisch-deutschen Ausgleichsversuche zur Zeit der englisch-französisch-sowjetischen Verhandlungen (1939). In: Der deutsche Imperialismus und der zweite Weltkrieg. Hrsg. v. der Kommission der Historiker der DDR und der UdSSR. Bd. 2, Berlin 1961. S. 581–615.

9 ADAP D. Bd. 6, Dok. 699.

10 Ebd., Dok. 751.

11 Veröffentlichung sowjetischer Protokolle über diese Verhandlungen: Peregovory voennych missij SSSR, Anglii i Francii v Moskve v avguste 1939 g. In: Meždunarodnaja žizn'. 1959, Nr. 2. S. 144–158 und Nr. 3.

32

S. 139–158; dt.: L. Besymenski, Sonderakte „Barbarossa". Stuttgart
1968. S. 47 ff. Hierauf basierend die Darstellung in: Geschichte des Großen Vaterländischen Krieges der Sowjetunion. Bd. 1, Berlin 1962.
S. 200 ff. und N. G. Kuznecov. Upuščennye vozmožnosti. In: Novaja i
novejšaja istorija. 1969, Nr. 6. S. 109–115; weiterhin: V. I. Popov, Soedi-
nennye Štaty Ameriki i anglo-franko-sovetskie peregovory 1939 goda.
In: Voprosy istorii. 1963, Nr. 1. S. 66–85. – Von den nicht-kommunisti-
schen Darstellungen (unter Auswertung der in: Documents on British
Foreign Policy. Third Series. Bd. 7, Annex II, enthaltenen britischen Protokolle) am ausführlichsten: W. Hofer, Die Entfesselung des Zweiten
Weltkrieges. Frankfurt a. M. 1964, S. 165 ff. – Aus kommunistischer Sicht
ferner W. Basler, Die britisch-französisch-sowjetischen Militärbespre-
chungen im August 1939. In: Zeitschrift für Geschichtswissenschaft.
1957, Nr. 1. S. 18–56; I. M. Maiski, Wer half Hitler? (Aus d. Russ.) Moskau 1965.
12 ADAP D. Bd. 7, Dok. 50.
13 Ebd., Dok. 56.
14 Ebd., Dok. 75.
15 Ebd., Dok. 105.
16 Ebd., Dok. 113.
17 Ebd., Dok. 131. Hierzu Birkenfeld, Stalin als Wirtschaftspartner Hitlers,
S. 480 ff.
18 ADAP D. Bd. 7, S. 125.

3. Partnerschaft mit Deutschland

Der *Nichtangriffspakt* zwischen Deutschland und der UdSSR mit dem Geheimen Zusatzprotokoll wurde nach zwei Unterredungen Ribbentrops mit Stalin und Molotov am 24. August 1939 morgens in Moskau vom sowjetischen Regierungschef und dem mit einer Generalvollmacht Hitlers ausgestatteten Reichsminister des Auswärtigen unterzeichnet.[1] Dieses Vertragswerk stellte für die Beziehungen der Sowjetunion zu Deutschland wie für die internationale Politik eine einschneidende Wendung dar, von der der Verlauf des europäischen Krieges in den nächsten eineinhalb Jahren wesentlich mitgeprägt wurde. Für die Sowjetunion brachte der Paktabschluß mit Deutschland vor allem größere Bewegungsfreiheit und erhöhte strategische Sicherheit. In einem europäischen Krieg, mit dem bei Fortsetzung der Expansionspolitik Hitlers gerechnet werden mußte, würden sich nun Deutschland und die Westmächte gegenüberstehen. Moskau würde in der Hinterhand bleiben. Die Drohung eines Zweifrontenkrieges war entfallen. Nach Lage der Dinge mußte das nunmehr isolierte Inselreich sogar ein Arrangement mit der Sowjetunion suchen. Das Gewicht in der Weltpolitik mußte in dem Maße wachsen, in dem sich die Energien der übrigen europäischen Großmächte in dem von Stalin – wie er Ribbentrop gegenüber am 23. August 1939 offen aussprach – einkalkulierten langen Krieg gegenseitig lähmten. An einer raschen Niederlage Deutschlands hatte Stalin kein Interesse, da sich dann der Einflußbreich der Westmächte wieder bis nach Ostmitteleuropa vorgeschoben hätte. Den sowjetischen Standpunkt faßte er in einer zur Veröffentlichung durch den Reichsaußenminister bestimmten Fassung am 19. Oktober in der Formel zusammen, daß die Sowjetunion „an der Existenz eines starken Deutschlands interessiert ist. Daher kann sich die Sowjetunion nicht damit einverstanden erklären, daß die Westmächte Bedingungen schaffen, die Deutschland schwächen und in eine schwierige Lage bringen könnten."[2] Die Aufrechterhaltung eines Gleichgewichts zwischen den kriegführenden Mächten gab der Sowjetunion eine politische Schlüsselstellung. Der sogleich veröffentliche Nichtangriffspakt (datiert auf den 23. August 1939), der eine Geltungsdauer

von zehn Jahren haben und, wenn er nicht ein Jahr vor Ablauf ge-
kündigt wurde, automatisch für weitere fünf Jahre gelten sollte,
knüpfte formal an den Berliner Neutralitätsvertrag vom 24. April
1926 an. Er verpflichtete beide Staaten, „sich jedes Gewaltakts, jeder
aggressiven Handlung und jedes Angriffs gegeneinander . . . zu enthalten", und sicherte dem Vertragspartner, falls dieser „Gegenstand
kriegerischer Handlungen seitens einer dritten Macht" werden
sollte, die Neutralität der anderen Seite zu. Im Gegensatz zu den sowjetischen Nichtangriffsverträgen von 1932 mit Polen, Finnland,
Estland und Lettland sowie mit Frankreich hatte die Bestimmung
uneingeschränkt auch für den Fall zu gelten, daß der Partner selbst
der „Aggressor" war. Bei eventuell entgegenstehenden Völker-
bundsverpflichtungen wurden diese nicht in Betracht gezogen. Artikel 3 sah eine Konsultationspflicht der Partner über Fragen vor, „die
ihre gemeinsamen Interessen berühren".

Das *Geheime Zusatzprotokoll*, das erst während des Nürnberger
Prozesses gegen die deutschen Hauptkriegsverbrecher 1945/46 im
Wortlaut bekannt wurde, erklärte Ostmitteleuropa zur ausschließli-
chen Interessensphäre der beiden Mächte. Finnland, Estland und
ganz Lettland fielen für den Fall einer territorialen Umgestaltung in
die sowjetische Interessensphäre – eine Formel, mit der die „Freiheit
der Besitznahme" umschrieben wurde. Stalin vermochte dabei den
sowjetischen Anspruch auf das kurländische Gebiet südlich der
Düna mit den Häfen Libau und Windau durchzusetzen. Der ur-
sprüngliche deutsche Anspruch hierauf wurde von Ribbentrop nach
einem Telefongespräch mit Hitler am 23. August fallengelassen. Litauen, dessen „Interesse" an dem zu diesem Zeitpunkt noch polnischen Wilnaer Gebiet „beiderseits anerkannt" wurde, wurde der
deutschen Interessensphäre zugeschlagen. Ein deutscher Angriff auf
Polen oder dessen kampflose politische Kapitulation wurde zumindest stillschweigend von beiden Seiten vorausgesetzt. Die Grenze
der Interessensphären im „Fall einer territorialpolitischen Umgestaltung der zum polnischen Staate gehörenden Gebiete" sollte
durch die Linie der Flüsse Narew, Weichsel und San markiert werden, so daß die Grenze dann durch Warschau laufen würde. Ob
überhaupt die Erhaltung eines unabhängigen verkleinerten polnischen Staates wünschenswert erschien, sollte „im Laufe der weiteren

politischen Entwicklung" „im Wege einer freundschaftlichen Verständigung" zwischen der deutschen und der sowjetischen Regierung gelöst werden. Vage in der Formulierung und daher unterschiedliche Interpretationen der beiden Partner geradezu herausfordernd war der Südosteuropa betreffende Passus gehalten. Darin hieß es, daß von sowjetischer Seite in den Verhandlungen das Interesse an Bessarabien „betont" wurde, während „von deutscher Seite . . . das völlige politische Desinteresse an diesen Gebieten erklärt" worden sei. Damit war, wie Ribbentrop zehn Monate später in einer Notiz für Hitler am 26. Juni 1940 festhielt,[3] die von Hitler bei der Übertragung der Verhandlungsvollmacht an Ribbentrop ausgesprochene Bereitschaft zum politischen, nicht aber wirtschaftlichen Desinteresse Deutschlands an ganz Südosteuropa, einschließlich Konstantinopels, gemeint. Jedoch war die Balkan- und Meerengenfrage im ganzen im August 1939 in Moskau nicht aufgerollt worden, so daß Südosteuropa mit Ausnahme Bessarabiens als ein noch nicht zwischen Deutschland und der Sowjetunion aufgeteiltes Gebiet gelten konnte.

In seiner Rede, die der Ratifizierung des Nichtangriffspakts durch den Obersten Sowjet vorausging, umriß Molotov am 31. August 1939 in aller Offenheit die günstige Position, in der sich die Sowjetunion am Vorabend des Krieges befand. Durch den Paktabschluß sei eine „Wendung zu besseren Beziehungen zwischen den beiden größten Staaten Europas" herbeigeführt worden. „Selbst wenn sich Feindseligkeiten in Europa als unvermeidlich erweisen sollten, dann wird ihr Umkreis nur beschränkt sein. Nur die Anstifter eines allgemeinen europäischen Krieges, nur jene, die unter der Maske des Pazifismus einen allgemeinen Brand Europas entfachen möchten, können über diese Wendung der Dinge unzufrieden sein."[4]

Nach Absicherung seiner europäischen Flanke hätte Moskau nun sein volles militärisches Gewicht im *Fernen Osten* in der Grenzschlacht im Nomonhan-Gebiet in die Waagschale werfen können. Tatsächlich war damit die Möglichkeit einer sowjetisch-japanischen Verständigung näher gerückt. Die neue japanische Regierung unter General N. Abe, die nach dem durch den deutsch-sowjetischen Nichtangriffspakt ausgelösten Sturz des am Antikominternpakt orientierten Kabinetts K. Hiranuma am 30. August gebildet worden

war, entschloß sich zum Abbruch der kriegerischen Auseinandersetzung unter Hinnahme eines Prestigeverlusts der japanischen Ar-
mee. Am 19. September 1939 erzielten Molotov und der japanische
Botschafter in Moskau, Sh. Togo, nach 14tägigen Verhandlungen
Einigung über die Einstellung der Kampfhandlungen und die Bildung einer gemischten Kommission, die die Grenze zwischen der
Mongolischen Volksrepublik und dem Kaiserreich Mandschukuo in
der bisher von Japan abgelehnten Linienführung festlegen sollte.
Der „schwerste und gefährlichste militärische Konflikt zwischen
Japan und Rußland seit 1904"[5] ging nunmehr in ein zähes diploma-
tisches Ringen um Einzelheiten der Grenzziehung über. Es fand zunächst bis zur Paraphierung eines Memorandums für die vorgesehene gemischte Kommission durch Molotov und Togo am
19. November in Moskau statt, dann innerhalb der Kommission in
Čita (7.–25. Dezember 1939) und in Harbin (7.–30. Januar 1940),
schließlich bis zur Paraphierung eines neuen Übereinkommens zwischen Molotov und Togo am 9. Juni 1940 wieder in Moskau. Damit
fand der Streit, den sowjetischen Vorstellungen entsprechend, zwar
offiziell ein vorläufiges Ende, schleppte sich in der detaillierten
Kommissionstätigkeit über die örtlichen Markierungen aber noch
bis zum 15. Oktober 1941 weiter.

Mit dem deutschen *Angriff auf Polen* (1. September 1939) und der
Kriegserklärung Großbritanniens und Frankreichs an Deutschland
(3. September 1939) war inzwischen die im Interesse der Sowjetunion liegende europäische Situation eingetreten, die Stalin bei Abschluß des deutsch-sowjetischen Nichtangriffspakts vor Augen
hatte. Den diplomatischen Bemühungen seines deutschen Partners
in den ersten zwei Septemberwochen 1939, die Sowjetunion zu einem militärischen Eingreifen in Polen zu veranlassen, entzog sich
Stalin. Er machte damit die Kalkulation Hitlers zunichte, Großbritannien und Frankreich vor die Alternative zu stellen, entweder auch
der Sowjetunion den Krieg zu erklären, so daß Deutschland und die
Sowjetunion faktisch zu Kriegsverbündeten gegen die europäischen
Westmächte geworden wären, oder aber sich unter der Drohung einer solchen Ausweitung des Krieges, die Großbritanniens Stellung
im weiteren Vorfeld Indiens und im Nahen Osten gefährdet hätte,
zu einem Arrangement mit Deutschland bereitzufinden.

Erst als der militärische Zusammenbruch Polens fast vollendet war, ohne daß die Westmächte Deutschland angegriffen hätten, ließ Stalin die Rote Armee am 17. September auf breiter Front nach Ostpolen einrücken.[6] Die sowjetische Regierung begründete diese Entscheidung damit, daß der polnische Staat „zerfallen und nicht mehr existent", somit aber auch der sowjetisch-polnische Nichtangriffspakt vom 25. Juli 1932 hinfällig geworden sei. Der Einmarsch diene dem Schutz der Ukrainer und Weißrussen. Gleichzeitig informierte die sowjetische Regierung alle Staaten von ihrer Absicht, an ihrer Neutralitätspolitik im europäischen Krieg festzuhalten. Damit wurde Großbritannien und Frankreich die Entscheidung über eine eventuelle Kriegsausweitung zugeschoben. Diese nahmen die sowjetische Militäraktion hin, zumal da der britisch-polnische Beistandsvertrag vom 25. August 1939 laut geheimem Zusatzprotokoll ausschließlich für den Fall eines deutschen Angriffs Gültigkeit hatte und die polnische Regierung, die auf die Nachricht vom sowjetischen Einmarsch hin ins Exil nach Rumänien ausgewichen war, auf ein Hilfeersuchen gegen die Sowjetunion verzichtete.

Während die Rote Armee den sich vom Bug und aus dem Lemberger Gebiet zurückziehenden deutschen Truppen folgte, um Ostpolen in den am 23. August festgelegten Grenzen bis zur Weichsel in Besitz zu nehmen, regte Stalin am 25. September eine neue vertragliche Absprache über die Aufteilung Polens an, um deutsch-sowjetische Spannungen in der polnischen Frage für die Zukunft auszuschließen. Dabei ging es ihm darum, durch Überlassung des überwiegend polnisch besiedelten Gebietes zwischen Weichsel und Bug an den deutschen Partner „sozusagen international vom polnischen Problem entlastet" zu werden[7] und dafür Litauen als Teil der sowjetischen Interessensphäre hinzuzugewinnen. Auf seine Einladung begab sich Reichsaußenminister v. Ribbentrop vom 27.–29. September noch einmal nach Moskau. Im *Deutsch-sowjetischen Grenz- und Freundschaftsvertrag* vom 28. September, der nach zwei dreistündigen Verhandlungen zwischen Stalin, Molotov und Ribbentrop unterzeichnet wurde,[8] erklärten beide Regierungen es „ausschließlich als ihre Aufgabe", die Verhältnisse im polnischen Raum zu regeln. Alle anderen Mächte sollten damit aus diesem Teil Europas ausgeschaltet sein. Stalins Zielvorstellungen entsprechend wurde in einem geheimen Zusatzprotokoll die Grenze zwischen den beiderseitigen „Interessensphären" in der Weise abgeändert, daß die Woiwodschaft Lublin und die östlich der Weichsel gelegenen Teile der Woiwodschaft Warschau (mit dem Bug als neue Grenzlinie) sowie der Suwalki-Zipfel in die deutsche, Litauen in die sowjetische Interessensphäre fielen. (Ein Zusatzprotokoll vom 4. Oktober 1939 legte den genauen Grenzverlauf in Polen fest.) Die Südwestecke Litauens sollte jedoch nach einer „Rektifizierung" der deutsch-litauischen Grenze zu Deutschland kommen. In einem weiteren geheimen Zusatzprotokoll einigten sich beide Seiten auf die Unterbindung jeglicher nationalpolnischer „Agitation". Damit war entschieden, daß es nach dem Willen der Sowjetunion und Deutschlands keinen souveränen polnischen Staat mehr geben sollte. Allenfalls mochte die Autonomie eines stark verkleinerten Polen innerhalb der deutschen Interessensphäre möglich bleiben.

Schließlich näherte sich die Sowjetunion in einer am 28. September veröffentlichten gemeinsamen Erklärung beider Regierungen auch in der Beurteilung des europäischen Krieges der deutschen Position an.[9] Es wurde erklärt, daß durch den deutsch-sowjetischen Grenz- und Freundschaftsvertrag „die sich aus dem Zerfall des polnischen Staates ergebenden Fragen endgültig geregelt" und die „gemeinsamen Bemühungen" nun auf die Beendigung des europäischen Krieges – auf der Basis des durch diesen Vertrag im Osten Europas erreichten Status – gerichtet seien. Für den Fall eines Scheiterns dieser Bemühungen wurde „die Tatsache festgestellt . . ., daß England und Frankreich für die Fortsetzung des Krieges verantwortlich sind, wobei . . . die Regierungen Deutschlands und der UdSSR sich gegenseitig über die erforderlichen Maßnahmen konsultieren werden". In seiner Rede vor dem Obersten Sowjet am 31. Oktober ging Molotov so weit zu erklären, „daß in den gerade hinter uns liegenden Monaten Begriffe wie ‚Aggression' und ‚Aggressor' einen neuen konkreten Sinn, eine neue Bedeutung angenommen haben . . . Heute nimmt Deutschland im Rahmen der europäischen Großmächte die Position eines Staates ein, der danach strebt, den Krieg so früh wie möglich zu beenden und den Frieden wiederherzustellen, während Großbritannien und Frankreich, die noch gestern gegen die Aggression gewettert haben, heute für die Fortsetzung des

Krieges und gegen einen Friedensschluß sind. Die Rollen wechseln . . ." „Eine Wiederherstellung des alten Polen" komme „überhaupt nicht in Frage". Es „genügten zwei, erst von der deutschen Wehrmacht und dann von der Roten Armee, rasch geführte Schläge gegen Polen, und nichts blieb mehr übrig von diesem unschönen Produkt des Versailler Vertrags."[10] Mit diesen propagandistischen Stellungnahmen zugunsten Hitlers wurde bei den Regierungen der Westmächte der Eindruck hervorgerufen, als bestünden geheime deutsch-sowjetische Absprachen über das weitere Vorgehen beider Mächte. Das britische Kabinett beriet schon am 10. Oktober erstmals an Hand einer vom britischen Generalstab ausgearbeiteten Studie über die militärischen Konsequenzen eines Kriegseintritts der Sowjetunion an der Seite Deutschlands.[11]

Den um das Litauen überlassene Gebiet von Wilna verkleinerten östlichen Teil Polens annektierte die Sowjetunion auf dem Weg über gelenkte Wahlen zu einer westukrainischen und einer westweißrussischen „Nationalversammlung" vom 22. Oktober und deren nachfolgende „Bitte" um Aufnahme in die Ukranische SSR (1. November) und in die Weißrussische SSR (2. November 1939). Während die Sowjetregierung in einem „Vertraulichen Protokoll" vom 28. September 1939[12] die Umsiedlung der „Reichsdeutschen und anderer Persönlichkeiten deutscher Abstammung" aus dem östlichen Polen (Ostgalizien, Wolhynien) unter Mitwirkung deutscher Regierungskommissionen zugestanden hatte, wurde die sozialrevolutionäre Umgestaltung in diesem Gebiet durch Deportationen und physische Liquidierung von „Volks"- und „Klassenfeinden", vor allem polnischen Gutsbesitzern, Unternehmern und Beamten, aber auch vieler vor den Deutschen nach Ostpolen geflüchteter Menschen im Winter 1939/40 eingeleitet. Von den 217 000 polnischen Soldaten, die in sowjetische Kriegsgefangenschaft gerieten, wurden die 15 000 Offiziere (etwa 45% des gesamten polnischen Offizierkorps) in die Lager Kozel'sk, Starobel'sk und Ostaškov überführt und zum größten Teil im April/Mai 1940 liquidiert. (Die Leichen der 4139 Offiziere des Lagers Kozel'sk wurden im April 1943 von deutschen Truppen in einem Massengrab bei Katyn' in der Nähe von Smolensk entdeckt, die meisten übrigen gelten als verschollen. Ein kleiner Teil dürfte 1943 als Führungskader der polnischen „Volksarmee" unter sowjetischem Kommando gedient haben.)

Eine Anpassung an die von Hitler geschaffenen Tatsachen in Mitteleuropa bedeutete die sowjetische Anerkennung der Slowakei als selbständiger Staat. Die Aufnahme diplomatischer Beziehungen erfolgte am 16. September 1939. In die gleiche Richtung wies die Wiederbesetzung des Gesandtenpostens in Ungarn am 25. Oktober, nachdem die sowjetische Regierung den Beitritt Ungarns zum Antikominternpakt am 24. Februar 1939 zum Anlaß für eine Zurückziehung ihres Vertreters aus Budapest genommen hatte.

Die Inbesitznahme der in den geheimen Protokollen der Sowjetunion überlassenen *Baltischen Staaten* begann – gleichsam als Testfall für das deutsche Verhalten bei einem sowjetischen Vorgehen in ihrer Interessensphäre – mit der Unterzeichnung eines unter ultimativem Druck erzwungenen Beistandspaktes mit Estland.[13] Der estnische Außenminister, K. Selter, leistete in Moskau am 28. September 1939 seine Unterschrift, während auch v. Ribbentrop in der sowjetischen Hauptstadt weilte. In dem Pakt wurde die Verpachtung von Flottenstützpunkten auf den Inseln Ösel und Dagö sowie in Baltischport (Paldiski) und mehreren Flugplätzen an die Sowjetunion vereinbart. Am 5. Oktober folgten ein ähnlicher Vertrag mit Lettland, das u. a. Flottenstützpunkte in Windau und Libau zur Verfügung stellen mußte, am 10. Oktober schließlich ein entsprechender Vertrag mit Litauen, das u. a. sowjetische Garnisonen in Vilejka, Altus und Prienai sowie mehrere Flugplätze für die sowjetischen Luftstreitkräfte zugestand.

Ein Versuch, in gleicher Weise auch mit *Finnland* rasch zu einer Regelung zu gelangen, die die erhöhten sowjetischen Sicherheitsinteressen zu fordern schienen, scheiterte.[14] Der sowjetische Vorstoß knüpfte an wiederholte Sondierungen bei der finnischen Regierung an, die seit dem 14. April 1938 – im Zusammenhang mit der von der Sowjetregierung verworfenen finnisch-schwedischen Vereinbarung über die militärische Befestigung der Ålandinseln durch Finnland – über die Frage einer Verpachtung bzw. Abtretung zunächst nur der Insel Hogland, dann ab März 1939 von insgesamt vier Inseln im Finnischen Meerbusen geführt worden waren. Der Einladung der sowjetischen Regierung vom 5. Oktober folgend, wurde eine finnische Delegation unter Leitung des Gesandten in Stockholm, J. K. Paasikivi, am 12. Oktober in Moskau mit der sowjetischen Forderung nach Abschluß eines Beistandspakts konfrontiert. Darin sollte zugleich den sowjetischen Wünschen Rechnung getragen werden, Hangö als Stützpunkt für die sowjetische Flotte zu verpachten, die Inseln Hogland (Suursaari) und Koivisto abzutreten sowie die Grenze auf der Karelischen Landenge zum besseren Schutz für Leningrad nach Westen zurückzuverlegen. Für diese Gebietsverluste sollte Finnland mit doppelt so großen, wenn auch weniger wertvollen Territorien in Ost-Karelien entschädigt werden. Da die finnische Regierung nur zur Abtretung von zwei kleineren Inseln im Finnischen Meerbusen (Seiskari und Lavansaari) und zu Erleichterungen des sowjetischen Transitverkehrs im Gebiet von Petsamo bereit war, erreichten die mehrfach unterbrochenen Verhandlungen am 10. November endgültig den toten Punkt. Eine in der sowjetischen Presse inszenierte antifinnische Propaganda gipfelte in der Behauptung Molotovs, daß finnische Artillerie am 26. November bei Mainila auf der Karelischen Landenge sowjetisches Territorium beschossen habe. Seine Forderung, die finnischen Truppen sofort 20–25 Kilometer von der Grenze zurückzuziehen, wurde von der finnischen Regierung abgelehnt. Daraufhin kündigte die Sowjetunion am 28. November den am 21. Januar 1932 abgeschlossenen Nichtangriffspakt mit Finnland. Am 30. November begann der Angriff starker sowjetischer Land-, See- und Luftstreitkräfte des Leningrader Militärbezirks auf der ganzen Breite von der Karelischen Landenge bis nach Petsamo, der Finnland in kurzer Zeit kapitulationsreif machen sollte. Die finnische Regierung beantwortete den sowjetischen Angriff mit der Feststellung des Kriegszustandes.

Die Zielvorstellung Stalins wurde deutlich, als die Sowjetregierung am 1. Dezember 1939 in der soeben eroberten Grenzstadt Terijoki eine finnische Gegenregierung unter dem in der Sowjetunion lebenden Kominternfunktionär O. Kuusinen ins Leben rief. Doch die Erwartung, daß sich die Spaltung der finnischen Nation in „weiß" und „rot" wie im Bürgerkrieg 1918 wiederholen würde, erfüllte sich nicht. Da auch die militärischen Operationen nach wenigen Tagen stockten, mußte der erste Anlauf sowohl der politischen als auch der militärischen Aktion gegen Finnland als gescheitert angesehen werden. Darüber hinaus verschlechterte sich die internationale Stellung der Sowjetunion. Am 14. Dezember 1939 wurde sie als Aggressor aus dem Völkerbund ausgestoßen. Die Verwirklichung britischer und französischer Pläne, eine seit September 1939 erwogene, gegen die deutsche Erzeinfuhr aus Schweden gerichtete Landung in Norwegen und Nordschweden nunmehr mit einer Hilfeleistung für Finnland zu verbinden, konnte überdies zu einem militärischen Zusammenstoß mit den Westmächten führen. Freiwillige aus den skandinavischen Ländern und den USA drohten im Fall ihres Fronteinsatzes die Situation weiter zu komplizieren. Der britische Botschafter in Moskau, Sir W. Seeds, verließ Ende Dezember 1939 demonstrativ die sowjetische Hauptstadt. In dieser zugespitzten Situation erwies sich die Überlassung des Hafens von Poljarnyj in der Nähe von Murmansk („Basis Nord") an die deutsche Kriegsmarine Ende Oktober 1939 als klug vorausschauende Maßnahme, da sie das deutsche Interesse an der Bewahrung der sowjetischen Position am nördlichen Eismeer wachhielt.

Indessen bot sich seit dem Dezember mit der Bildung der Regierung R. Ryti in Helsinki, mit dem Vorsitzenden der Sozialdemokraten V. Tanner als Außenminister, für die Sowjetunion ein Ausweg an. Die neue finnische Führung war trotz aller militärischen Einzelerfolge bereit, den aussichtslosen Kampf frühzeitig zu beenden, wenn ihr nicht gänzlich unzumutbare Bedingungen gestellt würden. Dadurch erhielt der Kreml die Möglichkeit, unter Opferung der Terijoki-Regierung aus der Sackgasse des finnischen Winterkrieges wieder hinauszugelangen, bevor das Erscheinen eines britisch-französischen Expeditionskorps in Nordskandinavien die erfolgreiche Beendigung des Krieges zu einer Prestigefrage machte. Am 29. Januar 1940 gab die sowjetische Regierung dem schwedischen Außenminister, Chr. Günther, erstmals ihre Bereitschaft zum Abschluß eines Friedensvertrags mit der Regierung Ryti zu erkennen. Die Finnland am 23. Februar übermittelten Bedingungen: Abtretung der Karelischen Landenge sowie des Gebiets nördlich des Ladogasees und Verpachtung Hangös erschienen der finnischen Regierung am 25. Februar jedoch noch als unannehmbar. Sie wurde dann aber vom Durchbruch der Roten Armee durch die Mannerheim-Linie und von der britisch-französischen Mitteilung, daß die Vorhut der alliierten Streitkräfte frühestens in der zweiten Märzhälfte auf finnischem Boden eintreffen könnte, zur Beendigung des opferreichen Kampfes veranlaßt. Nun leistete sie der Aufforderung der Sowjetunion vom 6. März Folge und entsandte eine Verhandlungsdelegation unter Ryti und Paasikivi nach Moskau. Diese unterzeichnete am 12. März 1940 einen Friedensvertrag, der die Abtretung der Karelischen Landenge einschließlich Wyborgs, des Gebiets nordwestlich des Ladogasees, des finnischen Teils der Fischer-Halbinsel und einiger Gebietsstreifen an der Grenze zu Ostkarelien sowie die Verpachtung von Hangö für 30 Jahre vorsah. Das von der Roten Armee eroberte Gebiet von Petsamo wurde hingegen – wohl mit Rücksicht auf das Interesse Großbritanniens an dem Nickelerzvorkommen in diesem Bereich – an Finnland zurückgegeben.

Der Abbruch des Krieges gegen Finnland nach gewaltsamer Durchsetzung der in den Verhandlungen im Oktober/November 1939 erhobenen Forderungen, aber unter Verzicht auf die im Dezember 1939 angestrebte vollständige Eroberung und Annexion des Landes nach dem Muster der Angliederung Ostpolens muß vor allem im Zusammenhang mit dem äußerst gespannten *Verhältnis zu den Westmächten*, einschließlich der USA, gesehen werden.[15] Ob damals Stalin bereits von den alliierten Plänen zur Bombardierung der kaukasischen Erdölzentren unterrichtet war, die von deutscher Seite nach Abschluß des deutsch-französischen Waffenstillstands vom 4. Juli 1940 an aus französischen Beuteakten veröffentlicht wurden, muß offen bleiben. Jedenfalls war sein Bestreben darauf gerichtet, die Sowjetunion nicht durch eine zu starke Aktivität in den peripheren Teilen ihrer Interessensphäre in eine unerwünschte Frontstellung geraten und in den Krieg gegen die Westmächte hineinziehen zu lassen.[16] Dementsprechend verzichtete Stalin vorerst auf die Anmeldung des sowjetischen Interesses an Bessarabien gegenüber Rumänien, ließ es mit einem an der Ablehnung Sofias gescheiterten behutsamen Vorstoß im Oktober 1939 zum Abschluß eines Hilfeleistungspakts mit Bulgarien bewenden. Gleichfalls nahm er es hin, daß die türkische Regierung in den Verhandlungen ihres Außenministers, S. Saraçoglu, in Moskau (21. September bis 17. Oktober 1939) den sowjetischen Vorschlag eines Beistandspakts ablehnte. Grund dazu boten der Türkei die darin enthaltenen Forderungen nach „gemeinsamer Verteidigung der Meerengen" und die vorgesehene Verpflichtung der Türkei, Kriegsschiffen von Nicht-Schwarzmeerstaaten die Durchfahrterlaubnis durch die Dardanellen und den Bosporus – entgegen den Bestimmungen des Vertrags von Montreux vom 20. Juli 1936 – zu verweigern. Ankara schloß statt-dessen am 19. Oktober 1939 einen gegen die Achsenmächte gerich-teten Bündnisvertrag mit Großbritannien und Frankreich. Eine Rußland-Klausel des zweiten Zusatzprotokolls gestattete der Tür-kei, unter Hinweis auf eine drohende bewaffnete Auseinanderset-zung mit der Sowjetunion von ihren Bündnisverpflichtungen Ab-stand zu nehmen.

Im ganzen gesehen waren die Beziehungen der Sowjetunion zu den Westmächten (einschließlich der USA) in den Monaten Septem-ber 1939 bis April 1940 erheblichen Schwankungen ausgesetzt. Dies hatte seine Ursache in der wechselnden, sowohl in England als auch in Frankreich unterschiedlichen Einschätzung der Sowjetunion als Partner Deutschlands oder – trotz der Enttäuschung des Hitler-Sta-lin-Pakts – als potentieller späterer Bundesgenosse der Westmächte. In Großbritannien setzten sich besonders der bei Kriegsbeginn als Marineminister in das Kabinett Chamberlain berufene Winston Churchill und Teile der Labour Party mit dem Abgeordneten Sir Stafford Cripps als Exponenten dafür ein, den Kontakt zur Sowjet-union behutsam zu pflegen. Am 10. Oktober 1939 kam ein bri-tisch-sowjetisches Handelsabkommen zustande, das einen Aus-tausch von Kautschuk und Zinn sowie Maschinen aus dem Commonwealth mit Holzlieferungen aus Rußland vorsah. Es verlor seinen Wert, als bekannt wurde, daß die sowjetische Regierung in Großbritannien und anderen Ländern erworbene seltene Metalle zum Weiterverkauf an den deutschen Handelspartner gegen wert-volle Erzeugnisse der deutschen Rüstungsindustrie nutzte. Die amerikanische Regierung verkündete sogar nach Beginn des so-wjetischen Angriffs gegen Finnland am 2. Dezember 1939 ein „mo-ralisches Verbot" des Exports von Flugzeugen und Maschinen für die Flugzeugfabrikation in die Sowjetunion. Diesem Tiefpunkt in den Beziehungen zu den Westmächten, der etwa mit dem Ausschluß der Sowjetunion aus dem Völkerbund (14. Dezember 1939) zusam-menfiel, folgte im Februar 1940 von britischer Seite das Bemühen um eine Verbesserung des Verhältnisses zur Sowjetunion. Nachdem das britische Kabinett die vor allem vom französischen Generalstab vorangetriebenen Pläne einer Bombardierung von Baku und Batum von Syrien aus als zu wenig erfolgversprechend verworfen hatte und im Obersten Alliierten Rat die Entscheidung über die Strategie gegenüber der Sowjetunion verschoben worden war, stattete Sir Stafford Cripps Moskau einen Besuch ab (Empfang durch Molotov am 16. Februar 1940). Cripps berichtete in London von der sowjetischen Bereitschaft zum Abschluß eines neuen Handelsvertrags oder auch eines politischen Abkommens nach Verbesserung des politischen Klimas zwischen Großbritannien und der Sowjetunion. In dieselbe Richtung wies am 18. März die Äußerung des sowjetischen Botschafters in London, I. M. Majskij, gegenüber dem britischen Außenminister Lord Halifax, der die völlige Unabhängigkeit der sowjetischen Außenpolitik von Deutschland betonte. Damit suchte er – ebenso wie Molotov gegenüber Cripps – den Eindruck zu zerstreuen, als sei die Sowjetunion mit dem Abschluß des neuen Wirtschaftsvertrags mit Deutschland vom 11. Februar zu einem Verbündeten des Reichs auf dem Gebiet der Rohstoffversorgung geworden.

In der Tat stellte dieses *Wirtschaftsabkommen* den Beginn einer deutsch-sowjetischen Partnerschaft auf ökonomischem Gebiet dar.[17] Es war das Ergebnis mehrmonatiger Verhandlungen, die sich an das in einem Notenwechsel zwischen Molotov und Ribbentrop vom 28. September 1939 enthaltene wechselseitige Versprechen angeschlossen hatten, die Wirtschaftsbeziehungen mit allen Mitteln so auszubauen, daß sie das „in der Vergangenheit erzielte Höchstmaß" wieder erreichten. In der Erkenntnis, daß ein Wirtschaftsbündnis mit der Sowjetunion – neben der Transitmöglichkeit für Rohstoffe aus den Ländern Ost- und Südostasiens (u. a. Kautschuk, Zinn, Sojabohnen) – für Deutschland die Sprengung des britischen Blockaderings bedeutete, schraubte Stalin die Bedingungen für den Abschluß eines großzügigen Wirtschaftsvertrags im Verlauf der mehrfach unterbrochenen und nach neuen Zugeständnissen Hitlers fortgeführten Verhandlungen hoch. Es war sein Ziel, vom deutschen Partner die Preisgabe wichtiger militärtechnischer und „wehrwirtschaftlicher" Geheimnisse für die forcierte Modernisierung der Roten Armee, vor allem der sowjetischen Flotte und Luftwaffe, zu erlangen. „Die Sowjetunion wolle von Deutschland lernen und dies besonders auf dem Gebiet der militärischen Rüstung", erklärte Stalin den deutschen Unterhändlern am 31. Dezember 1939.[18] Aus der Zwangslage heraus, in der er sich im Winter 1939/40 befand, entschied Hitler am 13. Januar 1940, auch die weitestgehenden Forderungen Stalins zu akzeptieren, um den Weg zum Vertragsabschluß freizumachen.

Das Wirtschaftsabkommen vom 11. Februar 1940 regelte die sowjetischen Lieferungen innerhalb des ersten Vertragsjahres (vor allem 1 Million t Futtergetreide und Hülsenfrüchte, 900 000 t Erdöl, 100 000 t Baumwolle, 100 000 t Chromerz und 500 000 t Manganerz) und die deutschen Gegenlieferungen (Maschinen und Kriegsgerät) in der Weise, daß sich die beiderseitigen Lieferungen halbjährlich proportional ausgleichen und die deutschen Lieferungen jeweils 80% des Wertes der sowjetischen ausmachen sollten. Im Falle eines Verzugs der einen Seite sollte die andere das Recht haben, die Lieferungen bis zur Herstellung des proportionalen Ausgleichs einzustellen. Insgesamt sollte die Sowjetunion im ersten Vertragsjahr Waren im Werte von 420–430 Millionen RM, in den verbleibenden 6 Monaten der Vertragsdauer Waren im Werte von 220–230 Millionen RM liefern. (Die Lieferungen auf Grund des Kreditabkommens vom 19. August 1939 blieben von der neuen Vereinbarung unberührt.)

Wie sehr die Bereitschaft der sowjetischen Seite zur Erfüllung der Lieferungen von allgemein politischen Erwägungen bestimmt blieb, zeigte sich erstmals Ende März 1940, als die bis dahin planmäßig verlaufenden Transporte plötzlich eingestellt wurden, nachdem sich das Verhältnis zu den Westmächten entspannt hatte und ein deutscher militärischer Vorstoß gegen Südosteuropa befürchtet wurde. Sie wurden bei Beginn der deutschen Besetzung Dänemarks und Norwegens am 9. April 1940 jedoch schlagartig wieder aufgenommen, da ein Erfolg dieser deutschen Aktion, der gegen alliierte Landungsunternehmen an der norwegischen Küste (ab 14. April 1940) erkämpft werden mußte, für die Sowjetunion die Gewißheit brachte, daß mit einem Eingreifen der Westmächte in Skandinavien in absehbarer Zeit nicht mehr gerechnet zu werden brauchte. Für Stalin war demnach der Wirtschaftsvertrag ein Mittel, um den deutschen ,Partner" von Fall zu Fall unter Druck zu setzen und den Kriegsverlauf im Interesse der Sowjetunion zu beeinflussen.

Anmerkungen

1 ADAP D. Bd. 7, Dok. 228 und 229. Zur Reaktion des sowjetischen An-
   klägers im Nürnberger Prozeß bei der Vorlage des „Geheimen Zusatzprotokolls" vgl.: Der Prozeß gegen die Hauptkriegsverbrecher vor dem
   Internationalen Militärgerichtshof. Nürnberg, Bd. 10, 1947. S. 14,
   S. 303 f., S. 353 f., Bd. 14, 1948. S. 315 f.

2 ADAP D. Bd. 8, Dok. 280.

3 Ebd., Bd. 10, Dok. 10.

4 Pravda, 1. 9. 1939, dt.: Geschichte des Zweiten Weltkrieges in Dokumenten. Bd. 3, Freiburg i. Br. 1956. S. 179 ff. Vgl. auch A. Hillgruber, Der Beginn des Zweiten Weltkriegs 1939 in der Sicht der sowjetischen Geschichtsschreibung. In: Aus Politik und Zeitgeschichte. 1964, Nr. 35.
   S. 32–38; E. Aleff, Die Sowjetunion und der Ausbruch des Zweiten Weltkrieges. In: Wehrwissenschaftliche Rundschau. 1957, Nr. 2. S. 69–83.

5 Lupke, Japans Rußlandpolitik, S. 23.

6 Sowjetische Darstellung der „Befreiung der Westukraine und Westbelo-
   rußlands" in: Geschichte des Großen Vaterländischen Krieges der Sowjetunion, Bd. 1, S. 291 ff. (S. 295 f.: Kritik an Molotovs Deutung in seiner
   Rede vom 31. Oktober 1939). – Dagegen: H. Roos, Polen in der Besatzungszeit. In: Osteuropa-Handbuch. Polen. Hrsg. v. W. Markert. Köln
   1959. S. 170 ff.; W. Sukiennicki, The Establishment of the Soviet Regime
   in Eastern Poland in 1939. In: Journal of Central European Affairs.
   Bd. 23, 1963/64, Nr. 2. S. 191–218. – Allgemein von sowjetischer Seite:
   I. D. Kundjuba, Sovetsko-pol'skie otnošenija 1939–45. Kiev 1963. – Zu
   Katyn': J. Mackiewicz, Katyn – ungesühntes Verbrechen. Zürich 1949;
   J. K. Zawodny, Zum Beispiel Katyn. Klärung eines Kriegsverbrechens.
   (Aus d. Amerik.) München 1971; Wł. Anders, The Crime of Katyn. Lon-
   don 1965; H. de Mon[t]fort, Le massacre de Katyn. Paris 1966. – Zum
   Prinzipiellen H. Roos, Deutschland, Polen und die Sowjetunion im
   Zweiten Weltkrieg. In: Deutsch-russische Beziehungen von Bismarck bis
   zur Gegenwart. Hrsg. v. W. Markert. Stuttgart 1964. S. 141–166;
   A. Bergman, Najlepszy sojusznik Hitlera. London 1958; B. B. Buduro-
   wycz, Polish-Soviet Relations 1932–39. New York 1963.

7 Ribbentrop (Moskau) an Hitler am 28. September (ADAP D. Bd. 8,
   Dok. 152, S. 125).

8 ADAP D. Bd. 8, Dok. 157–160.

9 Ebd., Dok. 161.

10 Soviet Documents on Foreign Policy. Hrsg. v. J. Degras. Bd. 3: 1933–1941. London 1953, dt.: H.-A. Jacobsen, Der Zweite Weltkrieg. Grundzüge der Politik und Strategie in Dokumenten. Frankfurt a. M. 1965. S. 46 ff.

11 Grand Strategy. Bd. 2: September 1939–June 1941, v. J. R. Butler. London 1957, S. 95.

12 ADAP D. Bd. 8, Dok. 158.

13 J. A. Swettenham, The Tragedy of the Baltic States. London 1952; B. Meissner, Die Sowjetunion, die Baltischen Staaten und das Völkerrecht. Köln 1956; A. N. Tarulis, Soviet Policy towards the Baltic States 1918–1940. Notre Dame, Ind. 1959. – Sowjetische Darstellung und Deutung in: Geschichte des Großen Vaterländischen Krieges der Sowjetunion, Bd. 1, S. 297 ff.

14 Quellen: Blauweiß-Buch der finnischen Regierung. Dokumente über die Entwicklung des finnisch-russischen Konflikts und den Ausbruch der Feindseligkeiten zwischen Finnland und der Sowjetunion am 30. November 1939. Basel 1940. – Darstellungen: M. Jakobson, The Diplomacy of the Winter War. Cambridge, Mass. 1961; A. G. Mazour, Finland between East and West. Princeton 1956; C. L. Lundin, Finland in the Second World War. Bloomington, Ind. 1957; Finland and World War II, 1939–1944. Hrsg. v. J. H. Wuorinen. New York 1948; C. G. Mannerheim, Minnen. Bd. 2, 1931–1940. Helsingfors 1954; V. Tanner, The Winter War. Stanford 1957; H. J. Procopé, Sowjetjustiz über Finnland. Zürich 1947. – Zur Vorgeschichte: J.-J. Fol, A propos des conversations finno-soviétiques qui ont précédé la „guerre d'hiver" (30 novembre 1939–12 mars 1940). In: Revue d'histoire de la deuxième guerre mondiale. 1970, Nr. 77. S. 25–40. – Von sowjet-finnischer Warte: O. V. Kuusinen, Finland unmasked. (Aus d. Finn.) London 1944; aus kommunistischer Sicht ferner: W. P. u. Z. K. Wates, The Soviet-Finnish Campaign. Military and Political. 1939–1940. London 1942; I. M. Majskij, Anglija i sovetsko-finskaja vojna. In: Voprosy istorii. 1965, Nr. 4. S. 43–55. – Bibliographischer Wegweiser zum sowjetisch-finnischen Winterkrieg: E. Klink, Zur Literatur über den finnisch-sowjetischen Winterkrieg 1939–1940. In: Jahresbibliographie. Bibliothek für Zeitgeschichte. 1961. Frankfurt a. M. 1963. S. 589–597.

15 Foreign Relations of the United Staates. Diplomatic Papers. 1939, 1940. Washington 1956–1958; A. J. Schwartz, America and the Russo-Finnish War. Washington 1960; Ll. Woodward, British Foreign Policy in the Second World War. London 1962. S. 28 ff. (ausführlichere Darstellung:

ders., British Foreign Policy in the Second War. Bd. 1, London 1970); Die Geheimakten des französischen Generalstabes. Weißbuch des Auswärtigen Amtes. 6, Berlin 1941; L.-M. Chassin, Un plan grandiose: L'attaque des pétroles du Caucase en 1940. In: Forces aériennes françaises. 1961. S. 821–849. – Sowjetische Darstellungen des europäischen Krieges 1939/40: A. M. Nekrič, Vojna, kotoruju nazvali „strannoj". Moskau 1961; V. G. Truchanovskij, Anglo-sovetskie otnošenija v načale vtoroj mirovoj vojny (3 sentjabrja 1939–9 aprelja 1940 g.). In: Meždunarodnye otnošenija. Politika. Diplomatija. Moskau 1964. S. 174–198; ders., British Foreign Policy During World War II (1939–1945). (Aus d. Russ.) Moskau 1970. – Zu den britisch-französischen Angriffserwägungen: I. N. Čempalov, Anglo-francuzskie plany napadenija na SSSR s juga i zachvatničeskaja politika gitlerovskoj Germanii na Balkanach (mart – maj 1940 g.). In: Učenye zapiski Ural'skogo gosudarstvennogo universiteta. Sverdlovsk 1966, Nr. 46, Serija Ist., Nr. 3. S. 92–136; R. Jur'ev, Podgotovka Anglii i Francii k napadeniju na Sovetskij Sojuz s juga v 1939–1940 gg. In: Voprosy istorii. 1949, Nr. 2. S. 101–108; I. N. Čempalov, Politika anglofrancuzskogo bloka na Balkanach v period „strannoj vojny" (sentjabr' 1939–mart 1940 gg.). In: Učenye zapiski Ural'skogo gosudarstvennogo universiteta. Vyp. 16, Sverdlovsk 1957. S. 100–137; Darstellung im Zusammenhang mit der Politik der Westmächte vor dem Kriege: I. D. Ovsjanyj, Tajna, v kotoroj vojna rozdalas' (Kak imperialisty podgotovili i razvjazali vtoruju mirovuju vojnu). Moskau 1971.

16 Einzelheiten im Kapitel „Stalins Politik der ‚freien Hand' und der Aufbau einer strategischen Sicherheitszone der UdSSR in Ostmitteleuropa" bei A. Hillgruber, Hitlers Strategie. Politik und Kriegführung 1940–1941. Frankfurt a. M. 1965. S. 102 ff. – Zu den sowjetisch-türkischen Verhandlungen im September/Oktober 1939: Cevat Açikalin, Turkey's International Relations. In: International Affairs. 1947, Nr. 4. S. 477–491, hier: 481–489; M. Sokolnicki, The Turkish Straits. Beirut 1950. S. 17 ff.: H. N. Howard, Germany, the Soviet Union and Turkey during World War II. In: Department of State Bulletin 1948 (18. Juli). S. 63–78.

17 ADAP D, Bd. 8, Dok. 607; W. N. Medlicott, The Economic Blockade. Bd. 1, London 1952, S. 667 ff.; F. Friedensburg, Die sowjetischen Kriegslieferungen an das Hitlerreich. In: Vierteljahrshefte zur Wirtschaftsforschung. 1962, Nr. 4, S. 331–338; W. Birkenfeld, Stalin als Wirtschaftspartner Hitlers; allzu knappe und im sowjetischen Sinne apologetische Behandlung bei D. Eichholtz, Geschichte der deutschen Kriegswirtschaft 1939–1945. Bd. 1: 1939–1941. Berlin 1969. S. 209; gleiche Tendenz

bei G. Eichler, Die deutsch-sowjetischen Wirtschaftsbeziehungen von August 1939 bis zum faschistischen Überfall im Juni 1941. Diss. phil. (Masch.) Halle 1965.

18 ADAP D. Bd. 8, Dok. 499.

4. Kollision der Interessen zwischen der Sowjetunion und Deutschland

Hatte die sowjetische Regierung die deutsche Aktion zur *Besetzung von Dänemark und Norwegen*, durch welche der bis dahin sich in Spähtruppunternehmen an der deutsch-französischen Grenze und einzelnen See- und Luftkriegsaktionen erschöpfende europäische Krieg endlich größere Dimensionen gewann, mit Erleichterung aufgenommen, so erschütterte der überraschend schnelle *Zusammenbruch* des auch von der Führung der Roten Armee als Militärmacht hoch eingeschätzten *Frankreich* (10. Mai–22. Juni 1940) ein Axiom der bisherigen Politik Stalins: die Auffassung, daß es sich um ein langfristiges Ringen relativ gleich starker Mächte im westlichen Teil des europäischen Kontinents handele. Ein Arrangement auch Großbritanniens mit dem auf dem Kontinent nunmehr triumphierenden Deutschland schien trotz gegenteiliger Beteuerungen des neuen Premierministers Churchill (seit 10. Mai 1940) durchaus möglich, da anfangs nicht feststand, ob sich Churchill gegenüber einer sich aus alten Anhängern des „Appeasement" bildenden „Friedensgruppe" in London behaupten würde. Stalin reagierte auf die erhebliche deutsche Machterweiterung in zweifacher Hinsicht: durch Maßnahmen innerhalb und im Grenzsaum der sowjetischen Interessensphäre sowie mit der Anmeldung sowjetischen Interesses an dem im Herbst 1939 noch nicht aufgeteilten, jetzt durch den Ausfall des dortigen Einflusses der Westmächte „frei" gewordenen Raum Südosteuropas. Molotov verband in einer Rede vor dem Obersten Sowjet am 1. August 1940 die neue Zielsetzung mit alten ideologischen Axiomen: „Wir haben viele neue Erfolge gehabt, aber wir beabsichtigen nicht, uns mit dem zufrieden zu geben, was wir erreicht haben. Um weitere unerläßliche Erfolge für die Sowjetunion zu gewährleisten, müssen wir immer Stalins Worte im Sinn haben: ‚Wir müssen unser ganzes Volk in einem Zustand der Mobilisierung, des Vorbereitetseins auf die Gefahr eines militärischen Angriffs halten, so daß kein „Unfall" und keine Tricks unserer auswärtigen Feinde uns unvorbereitet treffen'".[1]

Die Aktionen innerhalb der eigenen Interessensphäre wurden eingeleitet durch eine überraschende vollständige militärische *Inbesitznahme der Baltischen Staaten* (einschließlich des im Grenz- und Freundschaftsvertrag vom 28. September 1939 Deutschland reservierten litauischen Grenzstreifens).[2] Am Tage des Einmarschs der deutschen Truppen in Paris (14. Juni 1940) richtete die sowjetische Regierung ein Ultimatum an Litauen. Dem litauischen Gesandten in Moskau erklärte Molotov offen, daß man mit Litauen „im Hinblick auf Deutschland" angefangen habe. Am 15. Juni schon begann der Einmarsch sowjetischer Streitkräfte. Damit waren die anderen Baltischen Länder gegenüber Deutschland abgeriegelt. Am 17. Juni folgte die militärische Besetzung Lettlands und Estlands. Der Leiter der Leningrader Parteiorganisation, A. A. Ždanov, setzte in Reval, der stellvertretende Volkskommissar des Auswärtigen, A. Ja. Vyšinskij, in Riga und der stellvertretende Volkskommissar, V. G. Dekanozov, in Kowno die Bildung neuer pro-sowjetischer Regierungen durch. Die Gleichschaltung vollendete sich danach in einander rasch folgenden Etappen. Am 14./15. Juli fanden Wahlen im sowjetischen Stil statt. Am 21. Juli beschlossen die hieraus hervorgegangenen Volksvertretungen einstimmig die Umwandlung der drei Republiken in sozialistische Sowjetrepubliken und beantragten ihre Aufnahme in die UdSSR. Der Oberste Sowjet billigte den Antrag Litauens am 3. August, den Lettlands am 5. August und den Estlands am 6. August 1940, die damit zur 14.–16. Teilrepublik der UdSSR wurden.

War die Annexion der Baltischen Staaten (mit Ausnahme des litauischen Grenzstreifens) durch die Absprache mit Deutschland vertraglich abgedeckt und konnte dieser Schritt nach Lage der Dinge auch kaum schärfere Reaktionen anderer Mächte hervorrufen, so mußten bei entsprechendem Vorgehen in *Bessarabien* Gegenzüge einer ganzen Reihe anderer Staaten einkalkuliert werden.[3] Es traf sich für die sowjetischen Absichten günstig, daß die neue britische Regierung unter Premierminister Churchill während des Zusammenbruchs Frankreichs Anstrengungen unternahm, den in den letzten Monaten fast ganz abgerissenen Kontakt zur Sowjetregierung wieder anzuknüpfen. Mit einer Entsendung des linksorientierten Labourpolitikers Sir Stafford Cripps als Sonderbevollmächtigten nach Moskau, die eine Reuter-Meldung vom 27. Mai 1940 ankündigte, erklärte sich Stalin allerdings nicht einverstanden. Er akzeptierte dann aber die am 6. Juni von der britischen Regierung ausgesprochene Ernennung Cripps' zum Botschafter in der Sowjetunion. Dieser erklärte bei seinem Eintreffen in Moskau am 12. Juni in aller Öffentlichkeit, daß der Sowjetunion in Südosteuropa nach britischer Auffassung eine führende Stellung zukomme, und Molotov gegenüber wiederholte er am 14. Juni, daß der Sowjetunion eine „überragende Stellung auf dem Balkan" gebühre. Mit einer heftigen britischen Reaktion auf eine Inbesitznahme Bessarabiens war demnach kaum noch zu rechnen. Ebenfalls zu den Vorbereitungen der Aktion gegen Rumänien gehörten ein Sondieren der Haltung Italiens, am 22. Juni die Entsendung eines neuen Gesandten nach Bukarest (A. I. Lavrent'ev) auf den seit Januar 1938 unbesetzten Posten, die Aufnahme diplomatischer Beziehungen zu Jugoslawien am 25. Juni und eine TASS-Erklärung am 22. Juni, daß die Gerüchte über eine Verschlechterung der deutsch-sowjetischen Beziehungen nicht den Tatsachen entsprächen.

Am 23. Juni erklärte Molotov dem deutschen Botschafter, W. Graf v. d. Schulenburg, daß die Lösung der Bessarabienfrage „keinen weiteren Aufschub gestatte" und der sowjetische Anspruch sich auch auf die ukrainisch besiedelte Bukowina erstrecke.[4] Auf deutsche Einwände hin schränkte Molotov bei der Überreichung des sowjetischen Ultimatums an Rumänien am 26. Juni die Forderung auf Bessarabien und die nördliche Bukowina sowie einen Zipfel der Moldau mit der Stadt Herţa ein. Auf Hitlers Rat verzichtete König Carol II. auf militärischen Widerstand und beugte sich dem sowjetischen Druck. Am 1. Juli war die kampflose Besetzung abgeschlossen. Der größte Teil Bessarabiens wurde am 2. August der Moldauischen SSR eingegliedert, während Südbessarabien und die Nordbukowina der Ukrainischen SSR angeschlossen wurden. Deutsch-sowjetische Verhandlungen über die Umsiedlung der deutschen Bevölkerung Bessarabiens mündeten am 5. September in einen Vertrag, in dessen Ausführung 93 500 Deutsche aus Bessarabien und 43 500 aus der Nordbukowina in das Reichsgebiet geleitet wurden. Damit war die gesamte, im August/September 1939 von Hitler der Sowjetunion überlassene Interessensphäre – und einige weitere Gebiete – fest in sowjetischer Hand und in das strategische Vorfeld der Roten Armee einbezogen.

Eine Ausnahme bildete lediglich *Finnland*.[5] Erste Anzeichen für Bemühungen, auch hier zu einer „ganzen" Lösung zu kommen, waren seit Ende Juni 1940 erkennbar. Am 27. Juni forderte die Sowjetregierung eine Beteiligung an der Befestigung der Ålandinseln oder als Alternative eine sowjetische Kontrolle über ihre fortdauernde Entmilitarisierung, wobei die finnisch-schwedischen Vereinbarungen von 1938 übergangen wurden. (Die finnische Regierung entschied sich schließlich für die Entmilitarisierung, die in einer sowjetisch-finnischen Konvention vom 11. Oktober 1940 festgelegt wurde.) Bereits am 23. Juni 1940 war eine Forderung auf Überlassung der Konzession der Nickelerzgruben bei Petsamo an die Sowjetunion vorausgegangen. Die politische Wendung der finnischen Regierung in entgegengesetzter Richtung, zu Deutschland hin, die im Abschluß eines Wirtschaftsvertrags am 24. Juli 1940 zum Ausdruck kam, in dem Helsinki Deutschland die Lieferung von 60% der Jahresproduktion an Nickel zusagte, mußte von der sowjetischen Regierung als ein Eingriff des Partners in ihre Interessensphäre aufgefaßt werden, der im Effekt eine vollständige Einbeziehung Finnlands in das sowjetische Glacis verhinderte.

Kreuzten sich somit unmittelbar nach dem Ausfall der Westmächte im Norden Europas die sowjetischen und die deutschen Interessen bereits im Juli 1940, so versuchte Stalin in *Südosteuropa* im Wettlauf mit Hitler politische Positionen zu gewinnen.[6] Die sowjetische Regierung unterstützte die territorialen Revisionsforderungen Ungarns und Bulgariens gegenüber Rumänien. Das hatte allerdings zur Folge, daß König Carol nun keine andere Lösung mehr sah als eine enge Anlehnung Rumäniens an Deutschland und am 2. Juli um eine deutsche Garantie und die Entsendung einer deutschen Militärmission nach Rumänien bat. Am 20. Juni wurden gegenüber dem italienischen Botschafter, A. Rosso, von Molotov erstmals Wünsche nach einer Korrektur der sowjetisch-türkischen Grenze in Transkaukasien angedeutet. Ab 4. Juli veröffentlichte das deutsche Auswärtige Amt französische Geheimakten, aus denen die Zustimmung der türkischen Regierung zu den Vorbereitungen des britischen und französischen Generalstabes für einen Angriff auf

Baku und Batum hervorging, der nur durch ein Überfliegen türkischen Hoheitsgebiets zu realisieren war. Nun wurden die sowjetischen Aspirationen in der Forderung nach Abtretung der 1921 türkisch gewordenen Teile der alten russischen Provinzen Kars und Ardahan sowie nach der Einräumung militärischer Stützpunkte an den Dardanellen präzisiert.

Bereits beim Empfang des neuen britischen Botschafters in Moskau, Sir Stafford Cripps, durch Stalin am 1. Juli 1940 hatte die Frage einer „Verbesserung" der sowjetisch-türkischen Beziehungen durch britische Vermittlung eine Rolle gespielt.[7] Stalin ging es dabei u. a. um eine Abänderung des Vertrags von Montreux zu sowjetischen Gunsten, wobei er bemüht war, den Kontakt mit Großbritannien zwar zu verbessern, vorerst aber auf zweitrangige Fragen beschränkt zu halten. Einen grundlegenden Kurswechsel gegen Deutschland, wie ihn Churchill in seinem Schreiben vom 25. Juni 1940 vorschlug und Cripps ihn in dieser einzigen Unterredung mit Stalin im Jahre 1940 nahelegte, lehnte dieser ab. In der Version, die Stalin von der Unterredung am 13. Juli dem deutschen Partner übersandte, lag der Nachdruck auf der britischen Konzessionsbereitschaft hinsichtlich einer sowjetischen Vormachtstellung in Südosteuropa. Stalin benutzte dieses britische Zugeständnis somit als ein Mittel, um Hitler zu weiteren Konzessionen zu bewegen. Die Notwendigkeit zur Behauptung des rumänischen Erdölgebiets für die eigene Treibstoffversorgung und damit verbunden der Zwang, die Krise in und um Rumänien ohne kriegerische Auseinandersetzung zu beenden, veranlaßten Hitler indessen, sich über die Konsultationspflicht gegenüber der Sowjetunion auf Grund von Artikel 3 des Nichtangriffspakts hinwegzusetzen: in Verbindung mit dem 2. Wiener Schiedsspruch vom 30. August 1940 – nach der Überlassung Nordsiebenbürgens an Ungarn und der südlichen Dobrudscha an Bulgarien – wurde Rest-Rumänien eine deutsche Garantie gegeben und somit den sowjetischen Ambitionen auf die Südbukowina und weitere Gebiete in Südosteuropa ein Riegel vorgeschoben.

Trotz der daraus entstandenen Konfrontation zwischen Deutschland und der Sowjetunion am Zugang zur Balkanhalbinsel gelang es der britischen Regierung nicht, Stalin zu einem Kurswechsel im Sinne eines Rapprochements zu bestimmen. Dies war nicht zuletzt eine Folge der erneuten allgemeinen Verschlechterung des britisch-sowjetischen Verhältnisses seit Anfang August.[8] Am 7. August hatte der britische Außenminister Lord Halifax eine Anerkennung der Eingliederung der Baltischen Staaten in die UdSSR strikt abgelehnt. Sodann scheiterte ein Vorstoß von Botschafter Cripps beim stellvertretenden Außenkommissar Vyšinskij am 22. Oktober. Durch eine de-facto-Anerkennung der sowjetischen Herrschaft über die Baltischen Staaten, Bessarabien und die Nordbukowina sowie über die östlichen Teile des „früheren" polnischen Staates sollte eine sowjetische Zusage erreicht werden, wenigstens die wohlwollende Neutralität gegenüber Deutschland in eine formal-korrekte zurückzuverwandeln. Obwohl Cripps in den Zugeständnissen vor allem hinsichtlich Ostpolens weiterging, als es der politischen Linie des Foreign Office entsprach, blieb dieser Vorschlag sowjetischerseits unbeantwortet. Die daraufhin am 29. Oktober von Cripps überreichte Protestnote der britischen Regierung gegen ihre Ausschließung aus der in dieser Zeit in Bukarest tagenden Donaukonferenz wurde von der sowjetischen Regierung am 4. November scharf zurückgewiesen. Der britische Schritt hatte in den Augen Moskaus die Londoner Zugeständnisse hinsichtlich der Vormachtrolle der Sowjetunion in Südosteuropa vom Juni 1940 offenbar in ein Zwielicht gerückt.

Stalin betrachtete den britischen Vorstoß im Zusammenhang mit der am 17. Oktober ausgesprochenen erneuten deutschen Einladung zu einem Besuch Molotovs in Berlin; die vorausgegangenen vom Oktober 1939 und März 1940 hatte Stalin abgelehnt. Von Verhandlungen mit Hitler versprach er sich als Preis für ein weiteres Wohlverhalten der Sowjetunion ganz andere Zugeständnisse, als sie die britische Regierung anbot, die sich – seit der Niederlage Frankreichs in enger politischer Anlehnung an die USA – an der amerikanischen Haltung der völkerrechtlichen Nichtanerkennung gewaltsamer territorialer Veränderungen orientierte.

Das verstärkte sowjetische Interesse an Südosteuropa war mit der Erneuerung des Anspruchs auf die Südbukowina und damit nach Aufhebung der deutscheen Garantie für Rumänien unter Hinweis auf die Verletzung des Konsultativ-Artikels 3 des deutsch-sowjetischen Nichtangriffspakts in einem Memorandum an die Reichsregierung vom 21. September 1940 deutlich zum Ausdruck gebracht worden. Durch eine plötzliche Besetzung der Inseln im Kilia-Strom, dem nördlichsten Mündungsarm der Donau, wodurch deren Delta nunmehr faktisch allein von der Sowjetunion kontrolliert werden konnte, wurde dieses Interesse unterstrichen. Die Erklärung des sowjetischen Vertreters bei der Eröffnung der Konferenz über die untere Donau am 29. Oktober 1940, in der eine multilaterale Verwaltung der Donaumündung im Auftrag einer neuen internationalen Donaukommission, an der auch Deutschland und Italien beteiligt sein sollten, abgelehnt und stattdessen eine ausschließlich sowjetisch-rumänische Verwaltung der Strecke von Braila bis zur Mündung gefordert wurde, ließ die sowjetischen Absichten vollends deutlich werden. Wegen der unüberbrückbaren Gegensätze zwischen den beteiligten Mächten wurde die Konferenz am 21. Dezember ergebnislos vertagt.

Dies war nicht zuletzt auch eine Folge des negativen Ausgangs der *Verhandlungen Molotovs in Berlin.*[9] Seine Argumentation in den vier Unterredungen mit Hitler bzw. Ribbentrop am 12. und 13. November konzentrierte sich auf Forderungen, die auf eine abermalige Erweiterung der „Sicherheitszone" der Sowjetunion in ihrem westlichen Vorfeld hinausliefen. Sie blieb dabei unbeeindruckt von der Konzeption Ribbentrops, einen europäisch-asiatischen „Kontinental"-Block Deutschland–Italien–Sowjetunion–Japan unter Abgrenzung von vier „Interessen-Großräumen" im wesentlichen auf Kosten des britischen Kolonial- und Einflußgebiets zu bilden, wobei der Sowjetunion eine Stoßrichtung nach Süden, auf den Indischen Ozean hin, zugedacht war. Molotov beharrte in den zwei Unterredungen mit Hitler auf der Erfüllung von vier Forderungen als Bedingung für die Fortdauer der wohlwollenden Neutralität der Sowjetunion im europäischen Krieg: völlige Einverleibung Finnlands, Erweiterung der sowjetischen Position in Rumänien durch Überlassung der südlichen Bukowina (damit Aufhebung der deutschen Garantie für Rumänien), Anerkennung von Bulgarien, das eine Garantie der UdSSR erhalten sollte, als Teil der sowjetischen „Sicherheitszone" und Errichtung sowjetischer Luft-und Marinestützpunkte an den Dardanellen auf türkischem Territorium. In der abschließenden Besprechung mit Ribbentrop ließ der sowjetische

Regierungschef die darüber hinausgehenden politisch-strategischen Fernziele der Sowjetunion erkennen: Umwandlung Schwedens zu einem Teil einer neutralen Pufferzone am Rande des sowjetischen Imperiums, Lösung des Problems der „Durchfahrten aus der Ostsee (Großer Belt, Kleiner Belt, Kattegatt, Skagerrak)" durch Bildung einer sowjetisch-dänischen Kommission und schließlich Anerkennung des sowjetischen Interesses an Ungarn, Jugoslawien, Griechenland und dem westlichen Teil Polens.

Eine Realisierung dieser Ziele oder ihre Annahme durch Hitler setzte praktisch bereits eine Niederlage Deutschlands im Krieg gegen die Westmächte voraus, da kaum anzunehmen war, daß ein siegreiches Deutschland die Kontrolle der Ostseeausgänge oder ein sowjetisches Interesse an dem 1939 eroberten Teil Polens zugestehen würde. Diese Offenbarung der sowjetischen Fernziele zeigte, wie ungünstig Stalin die Situation Deutschlands angesichts der wachsenden Unterstützung Großbritanniens durch die USA ansah. Der am 25. November 1940 von Molotov dem deutschen Botschafter W. Graf v. d. Schulenburg überreichte Katalog der sowjetischen Bedingungen für die Annahme des von Ribbentrop am 13. November übergebenen Entwurfs für einen Viermächtepakt hielt sich nur an die Nahziele, um die es allein in den Verhandlungen mit Hitler gehen konnte. Er war einerseits eingeschränkt, indem im Fall Rumäniens die deutsche Garantie als Faktum hingenommen wurde, andererseits weitergespannt als in den Äußerungen Molotovs in Berlin, indem im Fall der Türkei nun von „Aspirationen" auf den Raum „südlich Batum und Baku in der allgemeinen Richtung auf den Persischen Golf" die Rede war.[10] (Dies bezog sich primär auf Iran, aber auch auf die türkischen Grenzgebiete). Vor allem jedoch wurde ein geheimes Zusatzprotokoll zum Viermächtepakt gefordert. In ihm sollte festgelegt werden, daß „im Falle einer Weigerung der Türkei, sich den vier Mächten anzuschließen, Deutschland, Italien und die Sowjetunion übereinkommen, die erforderlichen militärischen und diplomatischen Maßnahmen auszuarbeiten und durchzuführen".

Ohne Hitlers Antwort abzuwarten, ergriff der Kreml die Initiative, um die *Balkan-Probleme* in seinem Sinn ins Rollen zu bringen.[11] Ein am 25. November 1940 Bulgarien zugeleiteter Vorschlag für einen „Beistandspakt" lockte mit der Verwirklichung bulgari-

scher Ansprüche im europäischen Teil der Türkei. König Boris III.
und seine Regierung entschieden sich jedoch am 30. November 1940
für die Ablehnung und verwarfen auch ein anschließendes Garantie-
angebot der Sowjetunion. Damit aber war dieser Hebel für eine offensive sowjetische Balkanpolitik nicht wirksam geworden.

Hitler, der sich durch den auch in seinem Sinne negativen Verlauf
der Gespräche mit Molotov in seinem schon im Juli gefaßten Entschluß zur militärischen Lösung des Rußlandproblems bestätigt sah,
ließ die sowjetische Note vom 25. November 1940 unbeantwortet,
obwohl Molotov in den folgenden Wochen zweimal zurückfragte.[12]
Wie gering andererseits Stalin die Gefahr eines deutschen Überra-
schungsangriffs einschätzte, solange Großbritannien den Widerstand fortsetzte und durch Erfolge im Mittelmeerraum gegen Italien
der „Achse" wachsende Schwierigkeiten bereitete, wie unwahr-
scheinlich ihm die Möglichkeit eines Zweifrontenkrieges, die für ihn
1939 noch ein Trauma gewesen war, im Oktober/November 1940
erschien, ging auch aus den in dieser Zeit an Japan gerichteten Forderungen hervor: die „Rückkehr" Südsachalins und der nördlichen
Kurilen.[13] Dieses als Bedingung für einen Neutralitätsvertrag von
Molotov dem neuen japanischen Botschafter in Moskau, Y. Tatekawa, vorgetragene Begehren wurde dann auf einen Verzicht auf die
japanischen Öl- und Kohlekonzessionen in Nordsachalin reduziert.
Letzteres wurde auch in der Note an die Reichsregierung vom
25. November 1940 als zusätzliche Bedingung für eine sowjetische
Zustimmung zum „Viererpakt" genannt.

Stagnierten die politischen Verhandlungen mit Deutschland seit
Ende November 1940, so kam es auf wirtschaftlichem Gebiet mit
dem *Handelsabkommen* vom 10. Januar 1941[14] noch einmal zu einer Steigerung der Zusammenarbeit. Das Abkommen sah Lieferungen im Wert von insgesamt 620 bis 640 Millionen RM bis zum
1. August 1942 vor. Die sowjetischen Transporte, deren wichtigsten
Bestandteil 2,5 Millionen t Getreide bildeten, sollten am 11. Februar
1941 einsetzen; die deutschen erst am 11. Mai 1941. Das bisherige
Prinzip des proportionalen Ausgleichs wurde zugunsten fester
Wertsummen in Vierteljahresabschnitten ersetzt, wobei erhebliche
Vorleistungen der Sowjetunion vorgesehen waren. Da Hitlers Planung zufolge der deutsche Angriff auf die Sowjetunion im Mai 1941

beginnen sollte, liegt die Täuschungsabsicht der deutschen Seite bei dieser Regelung auf der Hand. Andererseits versuchte Stalin, durch Verlangsamung der Lieferungen in den Monaten Januar bis März 1941 der deutschen Balkanpolitik Schwierigkeiten zu bereiten (Aufmarsch einer deutschen Armee in Rumänien zwecks Vorbereitung eines Entlastungsvorstoßes über Bulgarien nach Griechenland, um den seit dem 28. Oktober 1940 im Gange befindlichen italienisch-griechischen Krieg zu beenden). Das Auftreten der deutschen Militärmacht in Südosteuropa hatte seine Absicht durchkreuzt, Bulgarien trotz der Ablehnung des Vertragsangebots durch die Regierung in Sofia in die sowjetische „Sicherheitszone" einzubeziehen. Die Taktik des Vorjahres, die Warenlieferungen als Druckmittel zu benutzen, um den Partner zum Einlenken zu bewegen, wurde also wiederholt. Die zusammen mit dem Wirtschaftsabkommen am 11. Januar 1941 abgeschlossenen Einzelverträge mit Deutschland über den Verlauf der Grenze vom Fluß Igorka bis zur Ostsee sowie den deutschen Verzicht auf den Südwestzipfel Litauens gegen eine Abfindungssumme und ein Vertrag, der die Aussiedlung der im Herbst 1939 zurückgebliebenen Deutschen aus den Baltischen Ländern ermöglichte, blieben ohne größere politische Bedeutung.

Bis der am 6. April 1941 beginnende Balkanfeldzug in kurzer Zeit die Situation in Südosteuropa zugunsten Deutschlands klärte, verfolgte Stalin gegenüber seinem Partner auch außerhalb der Wirtschaftsbeziehungen eine Politik der „Nadelstiche".[15] Zunächst versuchte die sowjetische Diplomatie *Bulgarien* vom Beitritt zum Dreimächtepakt sowie vom Abschluß eines Freundschaftsabkommens mit der Türkei (unterzeichnet am 17. Februar 1941) zurückzuhalten. Molotov protestierte sodann scharf bei der bulgarischen Regierung gegen die Verletzung sowjetischer Sicherheitsinteressen, als diese am 28. Februar 1941 ihren Entschluß zum Beitritt zum Dreimächtepakt und ihr Einverständnis mit dem Einmarsch deutscher Truppen in das Land (ab 2. März 1941) bekanntgab. Dem deutschen Partner gegenüber wurde erklärt, daß er nicht mit einer Unterstützung seiner Politik in Bulgarien rechnen könne.

Als größerer Gegenzug gegen die deutsche Balkanstrategie muß der Versuch angesehen werden, in abrupter Kehrtwendung die bisherige Pressionspolitik gegenüber der Türkei in einen Kurs wohlwollender Unterstützung im Falle einer deutschen Aggression zu verwandeln. Am 9. März 1941 versicherte der stellvertetende sowjetische Außenkommissar A. Ja. Vyšinskij dem türkischen Botschafter in Moskau A. H. Aktay unter Hinweis auf den noch in Kraft befindlichen sowjetisch-türkischen Freundschafts- und Neutralitätspakt vom 17. Dezember 1925 die Absicht der Sowjetunion, der Türkei bei der Abwehr eines Angriffs einer „despotischen Macht" keine Schwierigkeiten machen zu wollen. Ein am 24. März 1941 veröffentlichtes sowjetisch-türkisches Kommuniqué, das die gleiche Haltung beider Seiten für einen solchen Fall vorsah, konnte nur als eine sowjetische Rückenstärkung der Türkei gegenüber vermuteten Forderungen Hitlers im Zusammenhang mit dem bevorstehenden Angriff auf Griechenland verstanden werden.

Die Bemühungen der neuen, nach dem Staatsstreich am 27. März 1941 zur Macht gelangten *jugoslawischen Regierung* unter D. Simović um Abschluß eines Freundschafts- und Nichtangriffspakts mit der Sowjetunion (das alte Kabinett hatte am 25. März 1941 nach langem Zögern seinen Beitritt zum Dreimächtepakt erklärt) hatten nach anfänglicher Abweisung durch Stalin erst am Morgen des 6. April 1941 Erfolg, unmittelbar vor Beginn des deutschen Angriffs auf Jugoslawien und Griechenland. (Der Vertrag wurde wegen dieses Zusammentreffens auf den 5. April 1941 zurückdatiert).

Die überraschend schnellen Erfolge der deutschen Wehrmacht in Südosteuropa führten dann zu einer taktischen Schwenkung der sowjetischen *Politik gegenüber Deutschland*: die Warenlieferungen wurden in vollem Maße wieder aufgenommen und erreichten in den folgenden Monaten einen bisher nicht gekannten Höchststand. Am 9. April 1941 wurde der bisher heftig attackierte prodeutsche rumänische Staatschef, General I. Antonescu, plötzlich umworben, als Vyšinskij den rumänischen Gesandten in Moskau, G. Gafencu, bat, Antonescu den Wunsch der Sowjetregierung zum Ausdruck zu bringen, „ihren Beziehungen zu Rumänien einen freundschaftlichen und vertrauensvollen Charakter zu geben".[16] Am 13. April 1941 sprach sich Stalin bei der Verabschiedung des japanischen Außenministers Y. Matsuoka auf dem Moskauer Bahnhof vor aller Öffentlichkeit für die Fortdauer der deutsch-sowjetischen Freundschaft aus. Die diplomatischen Beziehungen zur französischen Regierung in Vichy wurden am 24. April 1941 mit der Ernennung von A. E. Bogomolov zum Botschafter normalisiert,[17] hingegen die zu den Exilregierungen Jugoslawiens, Belgiens und Norwegens am 9. Mai, zu der Griechenlands am 3. Juni 1941 mit der Begründung abgebrochen, diese Staaten hätten ihre Souveränität verloren. Die Staatsstreich-Regierung Raschid Ali el Ghailanis im Irak, die sich seit dem 2. Mai 1941 im Krieg mit Großbritannien befand, wurde von der sowjetischen Regierung am 12. Mai 1941 diplomatisch anerkannt. All dies muß im Zusammenhang mit dem Bemühen Stalins gesehen werden, zu einem neuen Agrrangement mit Hitler zu gelangen, um einen deutschen Angriff auf die Sowjetunion zumindest im Jahre 1941 auschzuschließen, vor dem nicht nur zahlreiche Agentenberichte, sondern auch Mitteilungen der amerikanischen Regierung am 1. März und 20. März 1941 und Churchill in einem Schreiben an Stalin vom 3. April 1941 (diesem am 19. April 1941 ausgehändigt) gewarnt hatten. Auch die Übernahme des Amts des Vorsitzenden des Rats der Volkskommissare durch Stalin selbst am 6. Mai 1941 war ein „Signal" an die Adresse Hitlers. Molotov blieb Volkskommissar des Auswärtigen und wurde stellvertretender Vorsitzender des Rates der Volkskommissare. Am Vorabend seiner Amtsübernahme (5. Mai 1941) hatte Stalin vor den Absolventen der 16 Militärakademien der Roten Armee die Notwendigkeit eines neuen Ausgleichs mit Deutschland hervorgehoben. Angesichts der ungenügenden Vorbereitung der Roten Armee auf einen großen Krieg sollte damit die schwierige Zeit bis zum Sommer 1942 überbrückt werden, in der die Rüstung in dem als notwendig erachteten Maß verstärkt und die Kriegswirtschaft mobilisiert sein sollte.[18]

Eine Konsequenz aus der nun im Gegensatz zum Herbst 1940 von Stalin als sehr ernst betrachteten Situation stellte der Abschluß eines *Neutralitätsvertrags mit Japan* am 13. April 1941 dar.[19] Der japanische Außenminister, Y. Matsuoka, machte bei seiner Reise nach Berlin und Rom am 24. März in Moskau Station, um die Bemühungen um den Abschluß eines Nichtangriffspakts zu intensivieren, die bisher an den sowjetischen Forderungen nach Aufgabe der japanischen Erdöl- und Kohlekonzessionen in Nordsachalin gescheitert waren.

Dieser Versuch blieb noch ebenso erfolglos wie zunächst auch die

Wiederaufnahme der Gespräche beim Aufenthalt Matsuokas in Moskau auf der Rückreise ab 9. April 1941, obwohl der japanische Außenminister nun auf den Abschluß eines Neutralitätsvertrags statt eines Nichtangriffspakts – wie bisher immer gefordert – zurückwich und sich damit der sowjetischen Haltung in dieser Frage annäherte. In einer plötzlichen Wendung am 12. April 1941 machte Stalin durch einen Verzicht auf das bisher als Bedingung gestellte Zusatzprotokoll betreffend Nordsachalin den Weg für die Unterzeichnung des Neutralitätsvertrags am folgenden Tage frei. Der zunächst für fünf Jahre geltende Vertrag verpflichtete die beiden Partner zur Achtung der „territorialen Integrität und Unantastbarkeit des anderen vertragschließenden Teils" und zur Neutralität im Kriegsfall „während der ganzen Dauer des Konflikts". Die „territoriale Integrität und Unantastbarkeit" der Mongolischen Volksrepublik wurde in einer zusätzlichen Deklaration ausgesprochen. Dem chinesischen Botschafter in Moskau versicherte Molotov allerdings am 16. April 1941, daß sich durch den neuen Vertrag mit Japan am sowjetisch-chinesischen Verhältnis nichts geändert habe und daß die materielle Unterstützung Chinas im Kampf gegen Japan fortgesetzt würde. Das sowjetische Interesse an einer langfristigen Bindung Japans in China bestand demnach fort.

Trotz aller Nachrichten über den *deutschen Aufmarsch* blieb Stalin von der Möglichkeit eines neuen Arrangements mit Hitler überzeugt und lehnte daher alle Annäherungsversuche der britischen Diplomatie ab.[20] Mit größtem Mißtrauen – weniger gegen Hitler als gegen die britische Regierung – hatte er die Nachricht vom Flug des Stellvertreters Hitlers, R. Heß, nach Großbritannien am 10. Mai 1941 aufgenommen. Die korrekte Behandlung von Heß schien darauf hinzudeuten, daß zumindest ein Teil des britischen Kabinetts den Gedanken eines Ausgleichs mit Deutschland auf Kosten der Sowjetunion immer noch nicht aufgegeben hatte. Um so notwendiger war es in seiner Sicht, sich nicht gegen Hitler provozieren zu lassen. Am 6. Juni 1941 verließ der britische Botschafter Cripps Moskau in der Überzeugung, daß seine Mission gescheitert sei. Am 13. Juni 1941 schlug Außenminister A. Eden dem sowjetischen Botschafter in London I. M. Majskij vor, im Fall eines deutschen Angriffs sogleich eine britische Militärmission nach Moskau zu entsenden und die Lieferung von Lebensmitteln für die sowjetische Bevölkerung vorzubereiten, ohne daß die sowjetische Regierung hierauf überhaupt reagierte. Die Unsicherheit der Lagebeurteilung auf britischer Seite steigerte sich daraufhin. Für den Fall eines neuen deutsch-sowjetischen Ausgleichs mit den befürchteten weitgehenden Konzessionen an Hitler wurden im nördlichen Irak Angriffe britischer Bomber auf das sowjetische Ölzentrum Baku vorbereitet. Ein Dementi von TASS am 13. Juni 1941, das deutsche Forderungen territorialen oder wirtschaftlichen Charakters, Truppenkonzentrationen an der sowjetischen Grenze sowie eine deutsche Absicht, den Nichtangriffspakt zu brechen, als unzutreffende Gerüchte aus britischer Quelle bezeichnete, trug zur allseitigen Verwirrung erheblich bei.

So zeigte sich am Vorabend des deutschen Angriffs, der am 22. Juni 1941 zwischen 3.00 und 3.30 Uhr an der gesamten Front von Ostpreußen bis zu den Karpaten losbrach, schlagartig die Kehrseite der bisher so erfolgreich scheinenden Politik Stalins, die Sowjetunion in einer Position vollkommener Unabhängigkeit und Distanz zu den kriegführenden imperialistischen Mächten zu halten. Die – rational wohl begründete, aber Hitlers irrationale Zielsetzung nicht erfassende – Voraussetzung, auf der Stalins Außenpolitik seit August 1939 beruht hatte, Hitler werde sich vor Abschluß des Krieges gegen die Westmächte in keinem Fall gegen die Sowjetunion wenden, hatte sich als falsch erwiesen. Die schwerwiegenden Konsequenzen dieser Fehleinschätzung zeigten sich in den ersten Monaten des sowjetisch-deutschen Krieges.

Anmerkungen

1 Soviet Documents on Foreign Policy, Bd. 3, S. 461–469, hier: S. 469; dt.: Keesing's Archiv der Gegenwart. 1940. Essen 1941. S. 4644–4646, hier: 4646.

2 Meissner, Die Sowjetunion, Die Baltischen Staaten und das Völkerrecht; Tarulis, Soviet Policy towards the Baltic States; M. Čakste, Lativa and the Soviet Union. In: Journal of Central European Affairs. Bd. 9, 1949/50, Nr. 1. S. 47–60, Nr. 2. S. 173–211; K. Selter, Die Sowjetunion und das Baltikum. In: Monatshefte für Auswärtige Politik. 1944. S. 200 ff.; ders., Maasing, Varma. In: Eesti riik ja rahvas teises maailmasõjas. Bd. 2, Stockholm 1955. S. 39 ff.

3 A. Hillgruber, Hitler, König Carol und Marschall Antonescu. 2. Aufl., Wiesbaden 1965. S. 70 ff.; A. Cretzianu, The Soviet Ultimatum to Roumania (26. June 1940). In: Journal of Central European Affairs. Bd. 9, 1949/50, Nr. 4. S. 396–403; J. W. Brügel, Das sowjetische Ultimatum an Rumänien im Juni 1940. In: Vierteljahrshefte für Zeitgeschichte. 1963, Nr. 4. S. 404–417. – Allgemein: G. Gafencu, Vorspiel zum Krieg im Osten. Zürich 1944; B. M. Kolker, I. È. Levit, Vnešnjaja politika Rumynii i rumyno-sovetskie otnošenija (sentjabr' 1939 – ijun' 1941). Moskau 1971.

4 ADAP D. Bd. 10, Dok. 4.

5 H. P. Krosby, Finland, Germany and the Soviet Union, 1940–1941. Madison, Wis. 1968; A. Korhonen, Barbarossa-suunnitelma ja Suomi. Porvoo 1961; J. K. Paasikivi, Meine Moskauer Mission 1939–1940. (Aus d. Finn.) Hamburg 1966.

6 Hillgruber, Hitler, König Carol und Marschall Antonescu; L. Krecker, Deutschland und die Türkei im zweiten Weltkrieg. Frankfurt a. M. 1964; M. Toscano, Una mancata intesa italo-sovietica nel 1940 e 1941. Firenze 1952. S. 24 ff.

7 Woodward, S. 142 ff.; W. S. Churchill, The Second World War. Bd. 2, London 1949. S. 135 f.; ADAP D. Bd. 10, Dok. 164.

8 Woodward, S. 145 ff.; Gafencu, Vorspiel zum Krieg im Osten, S. 109 ff.; Peter (Pseudonym), Die Sowjetregierung und die Donaumündung Ende 1940. In: Monatshefte für Auswärtige Politik. 1944, Nr. 1. S. 22–36.

9 Die sowjetischen Darstellungen (vor allem: Geschichte des Großen Vaterländischen Krieges der Sowjetunion, Bd. 1, S. 464 f.), sofern sie überhaupt den Besuch Molotovs in Berlin erwähnen, sind ohne Basis hinsichtlich sowjetischer Quellen. Grundlage jeder Interpretation muß

daher, solange dies der Fall ist, die Edition der deutschen Aufzeichnungen sein: ADAP D. Bd. 11, Dok. 325, 326, 328 und 329. – Als Memoiren von deutscher Seite G. Hilger, Wir und der Kreml. Deutsch-sowjetische Beziehungen 1918 bis 1941. 3. Aufl., Frankfurt a. M. 1964. S. 301 ff.; von sowjetischer Seite V. Bereshkow, In diplomatischer Mission bei Hitler in Berlin 1940–1941. (Aus d. Russ.) Frankfurt a. M. 1967; Darstellungen und Interpretation der sowjetischen Ziele bei: Rossi, Zwei Jahre deutsch-sowjetisches Bündnis, S. 157 ff.; Weinberg, Germany and the Soviet Union, S. 142 ff.; Fabry, Der Hitler-Stalin-Pakt, S. 343 ff.; Hillgruber, Hitlers Strategie, S. 304 ff. und 356 ff. – Neueste allgemeine Darstellungen der wachsenden Spannungen zwischen der Sowjetunion und Deutschland: J. E. McSherry, Stalin, Hitler and Europe. Bd. 2: The Imbalance of Power, 1939–1941. Cleveland 1970; S. Allard, Stalin och Hitler, S. 233 ff.; Ph. W. Fabry, Die Sowjetunion und das Dritte Reich, S. 220 ff.

10 ADAP D. Bd. 11, Dok. 404.

11 Widerspiegelung in den Dokumenten von ADAP D. Bd. 11; Krecker, Deutschland und die Türkei, S. 102 ff.; Ph. W. Fabry, Balkanwirren 1940–41. Darmstadt 1966; M. Pundeff, Two Documents on Soviet-Bulgarian Relations in November 1940. In: Journal of Central European Affairs. Bd. 15, 1955/56, Nr. 4. S. 367–379.

12 Hillgruber, Hitlers Strategie, S. 207 ff.; F. P. ten Kate, De Duitse aanval op de Sovjet-Unie in 1941. Groningen 1968.

13 Lupke, Japans Rußlandpolitik, S. 88 ff.

14 „Abkommen vom 10. Januar 1941 über die beiderseitigen Warenlieferungen auf Grund des Wirtschaftsabkommens zwischen dem Deutschen Reich und der UdSSR vom 11. Februar 1940 in dem zweiten Vertragsabschnitt": ADAP D. Bd. 11, Dok. 637.

15 Weinberg, Germany and the Soviet-Union, S. 148 ff.; Hillgruber, Hitlers Strategie, S. 427 ff.; J. B. Hoptner, Yugoslavia in Crisis, 1934–1941. New York 1962. S. 206.

16 G. Gafencu, Vorspiel zum Krieg im Osten. Zürich 1944. S. 262.

17 Memoiren dieses Botschafters: A. E. Bogomolov, Na diplomatičeskom postu v gody vojny. In: Meždunarodnaja žizn'. 1961, Nr. 6. S. 98–107, Nr. 8. S. 97–104.

18 Von dieser Rede sind mehrere Versionen überliefert: eine der deutschen Botschaft in Moskau zugespielte Fassung in: ADAP D. Bd. 12, Dok. 593. Hierzu Hilger, Wir und der Kreml, S. 308. Eine weitere, der zufolge Stalin nicht ausschloß, 1942 gegen Deutschland die militärische Intitative zu ergreifen, bei A. Werth, Rußland im Krieg 1941–1945. München 1965,

S. 106 f. Eine dritte, auf Notizen von Zuhörern beruhende bringt Besymenski, Sonderakte „Barbarossa", S. 268 f. Übereinstimmung besteht in
der Bewertung der Grundtendenz der Rede und der Intention Stalins,
über die schwierigen Monate des Sommers 1941 durch Entgegenkommen
gegenüber Hitler hinwegzukommen.

19 Lupke, Japans Rußlandpolitik, S. 92 ff.
20 Woodward, S. 148 ff.; Churchill, Bd. 3, S. 320 ff.; Grand Strategy, Bd. 2,
S. 543 ff.

5. Die Sowjetunion in der Kriegsallianz

Der *deutsche Angriff* am 22. Juni 1941 stellte für die sowjetische Außenpolitik im Zweiten Weltkrieg die grundlegende Wende und entscheidende Zäsur dar, obwohl die Kontinuität in Stalins territorialer und strategischer Zielsetzung nach Überwindung der schweren Krise des Sommers und Herbstes 1941 sichtbar wurde. Die Sowjetunion befand sich – statt wie bisher in der vorteilhaften Position der „Hinterhand" – nun im Kampf um ihre Existenz.[1] Zwar war sie gegen Stalins Absicht jetzt quasi zum Verbündeten Großbritanniens geworden, doch blieb sie bei der Abwehr des deutschen Ansturms faktisch auf die eigenen Kräfte angewiesen.[2] Die Möglichkeiten für eine militärische Unterstützung durch Großbritannien waren sehr begrenzt. Überdies nahmen sowohl der britische als auch der amerikanische Generalstab an, daß der Widerstand der Roten Armee kaum über zwei bis drei Monate hinaus andauern werde. Ein größeres Engagement zugunsten des „Bundesgenossen" wurde deshalb als Verzettelung der Kräfte angesehen. Dennoch wurden auf britische Initiative hin sogleich Militärmissionen zwischen London und Moskau ausgetauscht. Ebenfalls auf britischen Vorschlag unterzeichneten Molotov und der nach Moskau zurückbeorderte britische Botschafter Cripps am 12. Juli 1941 ein Hilfeabkommen: Es sah die gegenseitige Unterstützung im Krieg gegen Deutschland vor und enthielt die Verpflichtung, außer in beiderseitigem Einverständnis, über keinen Waffenstillstand oder Friedensvertrag mit Deutschland zu verhandeln.

Zur Entlastung der schwer ringenden Roten Armee forderte Stalin am 18. Juli erstmals von Großbritannien die Errichtung einer „zweiten Front" im Westen (Nordfrankreich) und im Norden Europas (Nordnorwegen). Churchill antwortete am 21. Juli, daß die britischen Stabschefs keine erfolgversprechende Möglichkeit dafür sähen. Dessen ungeachtet erneuerte Stalin am 3. September seinen Appell zur Errichtung einer „zweiten Front auf dem Balkan oder in Frankreich noch in diesem Jahr".[3] Zu unmittelbarer militärischer Hilfeleistung[4] kam es schließlich nur durch Stationierung einiger Staffeln der Royal Air Force im Gebiet von Murmansk (Anfang Sep-

tember bis Ende November 1941); sie sollten einen deutsch-finni-
schen Vorstoß gegen diesen wichtigsten eisfreien Hafen abwehren
helfen, der neben dem nur im Sommer zugänglichen Archangel'sk
in erster Linie als Ausladeplatz für die britischen Hilfslieferungen
bestimmt wurde. Am 29. September 1941 gelangte der erste britische
Geleitzug nach Murmansk. Bis zum Jahresende erreichten insgesamt acht Geleitzüge mit zusammen 55 Transportschiffen die nordrussischen Häfen, die 1941 – abgesehen von Vladivostok im Fernen
Osten – allein als Zielhäfen für Hilfssendungen in Frage kamen. Die
Route über Iran war noch nicht ausgebaut. Bis zum Juni 1942 lieferte
Großbritannien u. a. 2400 Panzer und 1800 Flugzeuge an die
UdSSR.

Dem deutschen Angriff hatten sich am 22. Juni Italien und Rumänien, unmittelbar darauf auch die Slowakei (23. Juni), Finnland (25.)
und Ungarn (27.) angeschlossen. Schweden gestand am 24. Juni den
Bahntransport einer deutschen Division von Norwegen nach Finnland über sein Territorium zu. Das besetzte Dänemark sowie die Vi-
chy-Regierung brachen die diplomatischen Beziehungen zur Sowjetunion ab. Bulgarien erklärte hingegen seine Neutralität im
deutsch-sowjetischen Krieg. Die Türkei hatte (unbeschadet der
fortdauernden Gültigkeit des Bündnisses mit Großbritannien vom
19. Oktober 1939) am 18. Juni 1941 einen Freundschaftsvertrag mit
Deutschland abgeschlossen. Um dem befürchteten Übergang An-
karas in die antisowjetische Koalition entgegenzuwirken, ließen die
sowjetische und die britische Regierung am 10. August 1941 gleich-
lautende Noten überreichen, in denen sie ihre Vertragstreue gegenüber dem Abkommen von Montreaux bestätigen, jede eigene Ambi-
tion auf die Meerengen verneinten und versprachen, die territoriale
Integrität der Türkei zu achten. Die britische Regierung erneuerte
darüber hinaus ihr Beistandsversprechen für den Fall, daß die Türkei
von den „Achsenmächten" angegriffen würde.[5]

Auch gegenüber *Iran* verfolgten die Sowjetunion und Großbritannien in dieser Zeit eine gemeinsame Politik.[6] Bereits am 26. Juni
1941 hatte die sowjetische Regierung vom Schah Reza Pahlewi Ge-
genmaßnahmen gegen deutsche Agenten gefordert. Eine britisch-
sowjetische Note vom 19. Juli bezeichnete dann die deutschen
Staatsangehörigen in Iran als potentielle Gefahr für die Sicherheit

beider Länder. Als die iranische Regierung die am 11. und 16. August geforderten Repressalien gegen die Deutschen ablehnte, nahmen die Sowjetunion und Großbritannien diese Weigerung zum Vorwand für eine bewaffnete Aktion. Schon am 25. August 1941 marschierten Truppen beider Länder in Iran ein. Dabei ging es vor allem darum, eine sichere Verbindung zur Sowjetunion herzustellen, über die alliierte Hilfslieferungen geleitet werden konnten. Doch spielte auch die Befürchtung eine Rolle, daß sich die Deutschen nach einem erzwungenen Durchmarsch über türkisches Gebiet mit iranischer Unterstützung eine militärische und politische Basis im Mittleren Osten aufbauen könnten. Die Sowjetregierung begründete ihren Einmarsch in Iran mit Artikel 6 des sowjetisch-iranischen Vertrages vom 26. Februar 1921, der der Sowjetunion das Recht auf Entsendung von Streitkräften zur vorübergehenden Besetzung iranischen Gebietes einräumte, falls eine dritte Macht versuche, „durch bewaffnete Intervention in Persien eine Usurpationspolitik zu verfolgen, oder sich persischen Territoriums als Operationsbasis gegen Rußland bedienen sollte".[7]

Nach Einstellung des kurzen Widerstands der iranischen Truppen am 28. August trafen sich die Spitzen der sowjetischen und britischen Truppen bei Kaswin. Die neue iranische Regierung unter Mohammed Ali Furughi sah sich am 9. September gezwungen, die Bedingungen der Alliierten für eine Besetzung des Landes zu akzeptieren: die nördlichen Landesteile wurden von sowjetischen, die südlichen und mittleren von britischen Truppen besetzt. Von Ausnahmeregelungen wie bei der Sicherung des Thronwechsels nach Abdankung des Schahs Reza Pahlewi am 16. September abgesehen, blieb eine neutrale Zone um die Hauptstadt Teheran unbesetzt. Trotz der angespannten Kriegslage – seit dem 8. September war Leningrad von allen Landverbindungen abgeschnitten; am 14. September wurde der deutsche Ring um den sowjetischen „Kessel" östlich von Kiev geschlossen – lehnte Stalin eine Überlassung des ganzen Iran als Besatzungsgebiet der Briten ab. Die Situation im Bereich dieser fortan wichtigsten Versorgungsroute für die UdSSR wurde alsbald durch einen Bündnisvertrag entspannt, den die britische und die sowjetische Regierung am 29. Januar 1942 mit dem Teheraner Kabinett schlossen. Dieser Vertrag enthielt das Verspre-

chen der beiden Besatzungsmächte, die „territoriale Integrität, Souveränität und politische Unabhängigkeit" des Landes zu achten und
die Truppen spätestens sechs Monate nach Beendigung des Krieges
mit Deutschland zurückzuziehen.[8]

Die größte Gefahr für die Sowjetunion, ein mit den deutschen Offensiven koordinierter Angriff *Japans* auf die sowjetische Fernostposition, war seit dem grundlegenden Entschluß der japanischen
Führungsgremien vom 2. Juli 1941 gebannt, die Expansion in Richtung Süden fortzusetzen.[9] Gegen die Sowjetunion sollte zwecks Inbesitznahme Sibiriens bis Omsk erst dann vorgegangen werden,
wenn der Zusammenbruch der Roten Armee im europäischen Rußland offenkundig war. Diese japanische Entscheidung, die von
R. Sorge nach Moskau übermittelt worden war, hat die schwierige
Lage der UdSSR erheblich erleichtert. Da jedoch ein japanischer
Angriff trotz des bestehenden Neutralitätsvertrags in der Folgezeit
nicht ausgeschlossen werden konnte, blieb ein Teil der sowjetischen
Streitkräfte im Fernen Osten vorerst weiter gebunden.

Im Gegensatz zu Großbritannien, wo Regierung und Öffentlichkeit die durch Hitlers Angriff entstandene Bundesgenossenschaft
mit der Sowjetunion fast einhellig begrüßten, war die Haltung der
politischen Kräfte in den noch „nichtkriegführenden" Vereinigten
Staaten gespalten.[10] Im Hinblick auf die nach Beginn des deutschen
Angriffs einsetzende neue isolationistische Welle in der amerikanischen Öffentlichkeit konnte Roosevelt die Sowjetunion nur schritt-
weise in den Kreis der durch das „Leih-Pacht-Gesetz" vom
11. März 1941 zu unterstützenden Staaten einbeziehen und wirk-
same Materiallieferungen an die Sowjetunion in die Wege leiten.
Hinzu kamen die Zweifel des amerikanischen Generalstabs, ob angesichts des erwarteten baldigen Zusammenbruchs der Sowjetunion
ein stärkeres Engagement der USA zugunsten der UdSSR noch vor
Winterbeginn überhaupt sinnvoll wäre. So nahm auch die von Roosevelt und Churchill am 14. August 1941 verkündete Atlantik-
Charta mit der prinzipiellen Absage an territoriale Veränderungen,
„die nicht mit den frei geäußerten Wünschen der betroffenen Völker
übereinstimmen", keine Rücksicht auf die 1939/40 in Ostmitteleuropa praktizierte sowjetische Annexionspolitik, sondern war ganz
von den Vorstellungen einer „Pax Britannica et Americana" geprägt.

Der am 24. September 1941 vollzogene Beitritt der Sowjetunion zur Atlantik-Charta hat daran nichts geändert. Diese Entscheidung erklärt sich vielmehr aus der äußerst gespannten Lage an der sowjetisch-deutschen Front (nach Auflösung des großen „Kessels" östlich von Kiev stellte sich die Masse des deutschen Ostheeres zum Vorstoß auf Moskau bereit) und stand in engem Zusammenhang mit den Bemühungen um eine effektive amerikanische Materialhilfe.

In den Unterredungen mit dem nach Moskau entsandten Vertrauten Roosevelts H. Hopkins am 30./31. Juli 1941 hatte Stalin die Situation der Sowjetunion in düsterem Realismus geschildert und versichert, daß ihm als Entlastung der Roten Armee selbst amerikanische Truppen unter amerikanischem Kommando an jedem Teil der sowjetischen Front willkommen seien. Daraufhin sicherten am 15. August die britische und die amerikanische Regierung die Lieferung eines Maximums an Kriegs- und Rohmaterialien zu, die von der Sowjetunion am dringendsten benötigt würden. In einer Konferenz mit dem amerikanischen Sonderbeauftragten, W. A. Harriman, und dem britischen Versorgungsminister, Lord Beaverbrook, vom 28.–30. September 1941 forderte Stalin vorrangig Flugzeuge und Panzer, Jeeps und Drei-Tonnen-Lastwagen. In einem „vertraulichen Protokoll" vom 1. Oktober 1941 wurde vereinbart, bis Ende Juni 1942 1½ Mill. Tonnen Waren im Werte von rund 1 Mrd. Dollar zu schicken, darunter je 200 Flugzeuge und je 250 Panzer pro Monat, ferner insgesamt 5000 Jeeps und 85000 Lastkraftwagen. Am 23. Oktober 1941 stimmte der amerikanische Kongreß endlich der Leih-Pacht-Bewilligungsvorlage der Regierung zu und gab damit den Weg zu der am 7. November 1941 von Roosevelt offiziell proklamierten Einbeziehung der Sowjetunion in das *Lend-Lease-System* frei. Jedoch blieb die für die UdSSR bewilligte Summe gegenüber der Großbritannien bisher gewährten (7 Mrd. Dollar) erheblich zurück.

Der wenige Wochen später durch den japanischen Überfall auf Pearl Harbor (7. Dezember 1941) ausgelöste *Kriegseintritt der USA* brachte für die Sowjetunion in doppelter Hinsicht Entlastung: Die deutsche Kriegführung konnte sich seit Hitlers Kriegserklärung an die USA am 11. Dezember 1941 nicht mehr wie bisher nur auf eine große Front konzentrieren, sondern mußte den Faktor Amerika nunmehr unmittelbar mit berücksichtigen. Außerdem brauchte ein japanischer Angriff auf die sowjetische Fernostposition jetzt ernsthaft nicht mehr in Rechnung gestellt zu werden. Diese die großen politischen Fronten des Zweiten Weltkrieges klärende Zäsur fiel mit der militärischen Wende in der Schlacht vor Moskau zusammen, in der die sowjetischen Streitkräfte am 5. Dezember 1941 zur Gegenoffensive übergingen.[11] Die sowjetische Regierung und das diplomatische Korps waren nach Beginn des deutschen Großangriffs in Richtung Moskau am 16. Oktober nach Kujbyšev an der Wolga ausgewichen. Nur Stalin blieb mit seinem engsten Stab in Moskau. Als ein Zeichen für den hohen Wert, den er gerade in dieser Zeit auf die Pflege guter Beziehungen zu Roosevelt legte, konnte die Ernennung des früheren Volkskommissars für Auswärtige Angelegenheiten, M. M. Litvinov, zum Botschafter in Washington angesehen werden. Er traf am Tage des japanischen Überfalls auf Pearl Harbor in der amerikanischen Hauptstadt ein. Alle – bis 1944 fortgesetzten – Bemühungen der amerikanischen Regierung, Flugplätze in Sowjet-Fernost als Basen für Angriffe auf die japanischen Hauptinseln zu erhalten, lehnte Stalin hingegen strikt ab, da ein damit verbundenes Hineinziehen in den Pazifik-Krieg dem Interesse der Sowjetunion zuwiderlief.

Die militärische *Wende vor Moskau* bot Gelegenheit, die bisher zurückgestellten politischen Probleme gegenüber den übrigen Mächten der Anti-Hitler-Koalition aufzurollen. Bislang war Stalin jedem Versuch einer Klärung ausgewichen. Nachdem der deutsche Angriff den deutsch-sowjetischen Nichtangriffspakt und den Grenz- und Freundschaftsvertrag einschließlich der in den geheimen Zusatzprotokollen festgelegten Grenzen hinfällig gemacht und zu einem De-facto-Bündnis zwischen der Sowjetunion und Großbritannien geführt hatte, lag es für die in London amtierenden Exilregierungen der von Deutschland besetzten Länder nahe, jetzt ihrerseits Kontakte mit der Sowjetregierung aufzunehmen. Unter Ausnutzung der schwierigen Situation der Sowjetunion versuchten sie, die schwebenden Fragen zu ihren Gunsten zu lösen, um die Regelung der Nachkriegsverhältnisse nach ihren Vorstellungen so früh wie möglich zu vereinbaren. Dies galt in besonderem Maße für die polnische Exilregierung unter General W. Sikorski, der es vor allem um die Rückgewinnung der ostpolnischen Gebiete ging.[12] Ein polnisch-sowjetisches Abkommen vom 30. Juli 1941, das die Aufnahme diplomatischer Beziehungen vorsah, erklärte zwar die Ungültigkeit der deutsch-sowjetischen Vereinbarungen von 1939, sprach sich aber über einen sowjetischen Verzicht auf Ostpolen nicht eindeutig aus. Im übrigen wurde die Aufstellung einer polnischen Armee auf sowjetischem Territorium aus den im September 1939 in Kriegsgefangenschaft geratenen Soldaten vereinbart. Die Verwirklichung dieser Übereinkunft brachte indessen Schwierigkeiten mit sich, zumal da die im April/Mai 1940 ermordeten polnischen Offiziere nach sowjetischen Auskünften „unauffindbar" waren. Bei einem Besuch Sikorskis in Moskau zur Klärung dieses Problems deutete Stalin am 3. Dezember 1941 seine Forderung nach „sehr kleinen Änderungen" der im Rigaer Frieden vom 18. März 1921 festgelegten Grenze zugunsten der Sowjetunion an. Daß damit faktisch ganz Ostpolen gemeint war, ging aus der zwei Tage zuvor getroffenen Entscheidung der sowjetischen Regierung hervor, derzufolge frühere polnische Staatsangehörige ukrainischer, weißrussischer und jüdischer Abstammung, die durch die Annexion Ostpolens sowjetische Staatsangehörige geworden waren, weiterhin als Bürger der UdSSR zu betrachten seien und folglich nicht in die in der Sowjetunion aufzustellende polnische Armee eintreten durften.

Wenig später hat der inzwischen offenkundige Umschwung der militärischen Lage Stalin dazu bewogen, in den Moskauer Unterredungen mit dem britischen Außenminister A. Eden (16.-20. Dezember 1941) erstmals seine *Kriegsziele* gegenüber einem verbündeten Staatsmann in großer Offenheit darzulegen.[13] Schon am 8. November 1941 hatte er in einer Botschaft an Churchill die bestehenden Illusionen einer Annäherung an die Prinzipien der britisch-amerikanischen Politik zerstreut und unmißverständlich ausgesprochen, „daß in den Beziehungen zwischen der UdSSR und Großbritannien Klarheit geschaffen werden muß . . . Diese Unklarheit liegt in folgenden zwei Umständen begründet: 1. Es gibt keine bestimmte Vereinbarung zwischen unseren Ländern über die Kriegsziele und über die Pläne der Friedensregelung nach dem Kriege; 2. es besteht kein Vertrag zwischen der UdSSR und Großbritannien über gegenseitigen militärischen Beistand gegen Hitler in Europa".[14] Nun forderte Stalin gegenüber Eden die Anerkennung der sowjetischen Grenzen vom 22. Juni 1941 (also die völkerrechtliche Anerkennung der Annexion Ostpolens, der Baltischen Staaten sowie Bessarabiens und der Nordbukowina), die Zustimmung

Großbritanniens zur Annexion des finnischen Gebiets von Petsamo und zur Einrichtung sowjetischer Stützpunkte in Rumänien. Das Verlangen nach einer Zerstückelung Deutschlands wurde mit der Forderung, den Anschluß Österreichs rückgängig zu machen, ein selbständiges Bayern zu schaffen, das Rheinland vom übrigen Deutschland abzutrennen und Ostpreußen an Polen zu geben, allerdings vorerst nur relativ vage angedeutet. Das Memelland und Tilsit sollten der Sowjetunion überlassen werden. Damit war von Stalin ein zentrales Thema angeschlagen worden, das die Konferenzen mit den Westmächten in den folgenden Jahren durchziehen sollte.

Trotz der Offenheit seiner Äußerungen gegenüber Eden hat Stalin jedoch auch noch während des Jahres 1942 sehr behutsam gegenüber den Westalliierten taktiert, zumal die deutsche Sommeroffensive dieses Jahres noch einmal schwere Rückschläge für die Sowjetunion brachte. So blieb Stalin gegenüber der kommunistischen Partisanenbewegung in Jugoslawien zurückhaltend, die unter Führung J. Broz-Titos Anfang Juli 1941 den Aufstand gegen die Besatzungsmächte eingeleitet hatte und nach wechselvollen Kämpfen immer größere Teile des Landes beherrschte.[15] Am 17. Juli waren die diplomatischen Beziehungen zur kgl.-jugoslawischen Exilregierung von sowjetischer Seite wieder aufgenommen und der Freundschafts- und Nichtangriffsvertrag vom 5. April 1941 erneut anerkannt worden. Von dem am 8. Februar 1942 proklamierten Anschluß des Partisanengebiets im Durmitor-Massiv an die UdSSR nahm Stalin nicht Notiz, stimmte vielmehr noch am 9. September 1942 der Erhebung der kgl.-jugoslawischen Gesandtschaft in Moskau in eine Botschaft zu.

Am 27. September 1941 hatte die sowjetische Regierung Ch. de Gaulle als „Chef aller freien Franzosen" anerkannt und A. E. Bogomolov, der die Sowjetregierung bei allen Exilregierungen in London vertrat, auch beim „Nationalkomitee Freies Frankreich" akkreditiert.[16] Dessen ungeachtet gab Stalin im Dezember 1941 Eden zu verstehen, daß er nicht mit der Wiederaufrichtung einer französischen Großmacht rechnete, sondern für die Nachkriegszeit eine Konfrontation der Sowjetunion mit den im Westen des Kontinents in einer mehr oder weniger weiträumigen „Brückenkopf"-Stellung stehenden angelsächsischen Mächten erwartete. Die Beziehungen zu de Gaulle gewannen erst größere Bedeutung, nachdem dieser (1943) nach Nordafrika übergesiedelt war und sein Komitee zum „Französischen Komitee der Nationalen Befreiung" umgebildet und erweitert hatte. Der Anerkennung durch die UdSSR folgte am 26. August 1943 die Bestellung A. E. Bogomolovs zum sowjetischen Botschafter in Algier. Die weiterhin sehr schwierige militärische Lage im Sommer 1942 hatte Stalin veranlaßt, mit seinen politischen Zielsetzungen zurückhaltend zu sein, ohne daß es ihm dadurch gelungen wäre, die Verbündeten zur Errichtung der immer wieder geforderten „Zweiten Front" zu bewegen. Die damit zusammenhängende Krise in den Beziehungen zu Großbritannien und den USA erreichte im Spätherbst 1942 ihren ersten Höhepunkt.

Dabei hatte das Jahr 1942 am Neujahrstag mit der Unterzeichnung des Pakts der damals 26 Staaten umfassenden Vereinten Nationen in Washington harmonisch begonnen. Sie wurde im Auftrag der sowjetischen Regierung von Botschafter M. M. Litvinov vollzogen. Dieser Pakt bedeutete die formelle Bestätigung der seit dem Kriegseintritt der USA faktisch bereits bestehenden Anti-Hitler-Koalition. Die Bezugnahme auf die Prinzipien der Atlantik-Charta überdeckte noch einmal den Konflikt zwischen den drei Hauptalliierten, der durch die Anmeldung sowjetischer Territorialforderungen beim Besuch Edens in Moskau im Dezember 1941 bereits aufgebrochen war. Während sich die Regierung Churchill in den Vorverhandlungen über einen *britisch-sowjetischen Bündnisvertrag* bereit erklärte,[17] die Annexionswünsche Stalins zu akzeptieren, billigte Präsident Roosevelt die britische Haltung nicht. Mit Rücksicht auf das verbündete Amerika rückte daraufhin die britische Regierung von ihrer Zusage wieder ab. Angesichts der bevorstehenden deutschen Sommeroffensive in Rußland mochte Stalin ein Scheitern der Verhandlungen mit Großbritannien als zu riskant erscheinen. So fand er sich schließlich damit ab, daß in dem von Molotov in London am 26. Mai 1942 abgeschlossenen Bündnisvertrag jede Territorialklausel und jeder geheime Zusatz analog zum deutsch-sowjetischen Nichtangriffspakt fehlte. Der mit einer Geltungsdauer von 20 Jahren in Kraft gesetzte Vertrag sprach sogar in Artikel 5 davon, daß beide Partner nach dem Grundsatz handeln würden, „weder nach territorialen Erweiterungen für sich selbst zu streben noch sich in die inneren Angelegenheiten anderer Staaten einzumischen". Im übrigen verwarf der Vertrag abermals jeden Gedanken eines separaten Waffenstillstandes oder Friedens mit Deutschland und seinen Verbündeten. Für die Nachkriegszeit wurde die automatische Erneuerung des Militärbündnisses beider Mächte für den Fall vorgesehen, daß einer der Partner mit Deutschland oder einem mit Deutschland verbündeten Staat „in Feindseligkeiten geraten" sollte. Im Kern lief der Vertrag auf ein künftiges sowjetisch-britisches Kondominat über den europäischen Kontinent hinaus, wobei der Sowjetunion als der stärkeren Landmacht die bestimmende Rolle hätte zufallen müssen.

Im Vordergrund des sowjetischen Interesses stand in den Londoner Gesprächen Molotovs eine Entscheidung für die von der sowjetischen Führung immer nachdrücklicher geforderte „Zweite Front" in Westeuropa als Entlastung für die Rote Armee, die in der bevorstehenden deutschen Offensive voraussichtlich einer erneuten Zerreißprobe entgegenging.[18] Während sich Churchill jeder eindeutigen Auskunft entzog, hinterließen die Äußerungen Rossevelts während des anschließenden Besuchs Molotovs in Washington (29. Mai bis 1. Juni 1942) den Eindruck, daß die Sowjetunion mit einer amerikanischen Landung in Frankreich noch im Jahre 1942 rechnen könne. Ein von Außenminister C. Hull und Botschafter M. M. Litvinov am 11. Juni unterzeichnetes Übereinkommen über gegenseitige Hilfe in der Kriegsführung gegen Deutschland verstärkte die Erwartungen auf sowjetischer Seite.[19] Neben der Zusage weiterer Waffen- und Materiallieferungen an die Sowjetunion war darin auch von einem militärischen Informationsaustausch die Rede.

Schließlich wurde am 7. Juli Einigkeit über ein allerdings erst am 6. Oktober formell unterzeichnetes „zweites Protokoll" erreicht, das die amerikanischen *Leih-Pacht-Lieferungen* im Zeitraum vom 1. Juli 1942 bis zum 30. Juni 1943 regelte. 3,3 Mill. Tonnen Güter sollten über die nordrussischen Häfen Murmansk und Archangel'sk, 4,4 Mill. Tonnen über die inzwischen ausgebaute Route über Iran in die Sowjetunion gelangen. – Insgesamt erhielt die Sowjetunion während des Krieges bis Mai 1945 im Rahmen der Leih-Pacht-Lieferungen aus den USA 18700 Flugzeuge, 10800 Panzer und 9600 Geschütze. Dies entsprach nach sowjetischen Angaben insgesamt jeweils 12%, 10,4% und 2% der in der Sowjetunion produzierten Flugzeuge (137000), Panzer (102000) und Geschütze (490000). Die amerikanischen

Lieferungen an die UdSSR erreichten in dieser Zeit einen Gesamtwert von 11 Mrd. Dollar (an das Britische Imperium 31 Mrd., an China 1 Mrd.).

In den Verhandlungen der britischen und amerikanischen Führungsstäbe wurde am 25. Juli die Entscheidung gefällt, im Spätherbst 1942 nicht in Westeuropa, sondern in Französisch-Nordwestafrika zu landen und somit den Mittelmeerraum zum Schauplatz einer Entlastungsoffensive zu machen. Diesen Beschluß hat Churchill wenig später bei seinem Besuch in Moskau (12.–16. August 1942) mitgeteilt.[20] Wie spürbar die Selbsteinschätzung der sowjetischen Führung trotz des zügigen Vordringens der deutschen Wehrmacht in Richtung Stalingrad und Kaukasus seit 1941 gestiegen war, zeigte die Ablehnung des britischen Angebots, zur Unterstützung der sowjetischen Kaukasus-Verteidigung die 10. britische Armee aus dem Irak und Iran nach Transkaukasien zu verlegen. Noch ein Jahr zuvor hatte Stalin am 13. September 1941 Churchill zu einer solchen Hilfeleistung eigens aufgefordert: „Mir scheint, daß England ohne Risiko 25 bis 30 Divisionen in Archangel'sk landen oder durch Iran in die südlichen Bezirke der UdSSR beordern könnte, damit sie mit den sowjetischen Truppen auf dem Territorium der UdSSR so zusammenwirken, wie das im vorigen Krieg in Frankreich geschehen ist."[21]

Bei alledem blieb das Verhältnis zwischen den Verbündeten von Verstimmungen und tiefem Mißtrauen durchzogen. Ein bezeichnendes Symptom dafür war ein gegen den britischen Alliierten polemisierender Pravda-Artikel vom 19. Oktober 1942, der sich über die Behandlung des in Großbritannien gefangen gehaltenen Rudolf Heß erregte und eine lebhafte Kontroverse zwischen beiden Mächten auslöste. Auch die Weigerung Stalins, sich mit Churchill und Roosevelt zu einer – schließlich auf Januar 1943 verschobenen – Konferenz zu treffen, kann als Bestätigung für die tiefgreifenden politischen Differenzen gelten, die gegen Ende des Jahres 1942 in der Anti-Hitler-Koalition bestanden haben.

Anmerkungen

1 Sowjetische Darstellungen: Geschichte des Großen Vaterländischen Krieges der Sowjetunion. Bd. 1, S. 509 ff., Bd. 2, Berlin 1963. S. 9 ff.; Schukow, Erinnerungen und Gedanken, S. 190 ff.; S. M. Schtemenko, Im Generalstab. (Aus d. Russ.) Berlin 1969. – Stalins Sicht: J. Stalin, Über den Großen Vaterländischen Krieg der Sowjetunion. Moskau 1946. – Die zwischen 1965 und 1967 ausgetragene Kontroverse zwischen sowjetischen Historikern über die Verantwortung Stalins an der Situation des 22. Juni 1941 bei A. Nekritsch, P. Grigorenko, Genickschuß. Die Rote Armee am 22. Juni 1941. Wien 1969. Eine ältere Aufsatzsammlung: Juni 1941. Beiträge zur Geschichte des hitlerfaschistischen Überfalls auf die Sowjetunion. Red. v. A. Anderle u. W. Basler. Berlin 1961. – Zur Kontroverse über den sowjetischen Aufmarsch an der Westgrenze während der deutschen Vorbereitung des Unternehmens „Barbarossa": H.-G. Seraphim, Die deutsch-russischen Beziehungen 1939–1941. Hamburg 1949; W. E. Paulus, Die Entwicklung der Planung des Rußlandfeldzuges 1940/41. Diss. phil. (Masch.) Bonn 1957; Fabry, Der Hitler-Stalin-Pakt; Hillgruber, Hitlers Strategie, S. 425 ff.; Fall Barbarossa. Dokumente zur Vorbereitung der faschistischen Wehrmacht auf die Aggression gegen die Sowjetunion (1940/41). Ausgew. u. eingel. v. E. Moritz. Berlin 1970. – Aus westlicher Sicht: F. P. ten Kate, De Duitse aanval op de Sovjet-Unie in 1941. Groningen 1968. – Zusammenfassend: D. R. Brower, The Soviet Union and the German Invasion of 1941. In: Journal of Modern History. 1969, Nr. 3. S. 327–334. – Umfassende Darstellung des Kriegsverlaufs (unter Auswertung aller sowjetischen Veröffentlichungen): A. Seaton, The Russo-German War 1941–45. London 1971. – Zur deutschen Kriegsvorbereitung aus sowjetischer Sicht: D. M. Proėktor, Agressija i katastrofa. Moskau 1968; P. Zhilin, They Sealed Their Own Doom. (How Hitlerite Germany prepared to attack the USSR). (Aus d. Russ.) Moskau 1970. – Zur deutschen „Ostpolitik": A. Dallin, Deutsche Herrschaft in Rußland 1941–1945. (Aus. d. Amerik.) Düsseldorf 1958. – Zur inneren Situation der Sowjetunion im Kriege: Werth, Rußland im Krieg; A. Constantini, L'Union Soviétique en guerre (1941–1945). Paris 1968. – Zur Krise der Herrschaft Stalins: G. Fischer, Soviet Opposition to Stalin: A Case Study in World War II. Cambridge, Mass. 1952; J. A. Armstrong, Ukrainian Nationalism, 1939–1945. 2. Aufl., New York 1963; R. Conquest, The Nation Killers: The Soviet Deportations of Nationalities. London 1970.

80

2 Zur „Anti-Hitler-Koalition" von sowjetischer Seite: V. L. Israeljan, Diplomatičeskaja istorija Velikoj Otečestvennoj vojny 1941–1945 gg. Moskau 1959; ders. (Issraeljan), Anti-Hitler Coalition. (Aus d. Russ.) Moskau 1971; Geschichte der internationalen Beziehungen 1939–1945, S. 112 ff. – Aus nichtkommunistischer Sicht: W. H. McNeill, America, Britain and Russia. Their Cooperation and Conflict 1941–1946. (Survey of International Affairs, 1939–1946. Bd. 3). London 1953. – Zu den Hilfsmöglichkeiten Großbritanniens für die UdSSR: Grand Strategy, Bd. 3, London 1964. S. 94 ff.; A. Bryant, Kriegswende (1939–1943). (Aus d. Engl.) Düsseldorf 1957. S. 243 ff. – Zur Rolle des sowjetischen Botschafters in London dessen Memoiren: I. M. Maiski, Memoiren eines sowjetischen Botschafters. (Aus d. Russ.) Berlin 1967.
3 Briefwechsel Stalins mit Churchill, Attlee, Roosevelt und Truman 1941–1945. Berlin 1961. S. 14 ff., 25 ff.; V. M. Kuliš, O vtorom fronte v Evrope v 1941 godu. In: Voprosy istorii. 1964, Nr. 8. S. 89–104.
4 S. W. Roskill, The War at Sea 1939–1945. Bd. 1, London 1954. S. 489 ff.
5 Documents on American Foreign Relations. Bd. 4, Washington 1942. S. 687.
6 D. Geyer, Die Sowjetunion und Iran. Tübingen 1955. S. 46 ff.; G. Lenczowski, Russia and the West in Iran 1918–1948. Ithaca, N. Y. 1949; eine knappe sowjetische Darstellung: L. Alekseev, Sovetskij Sojuz i Iran. Moskau 1963.
7 Dt.: Geyer, Die Sowjetunion und Iran, S. 21.
8 Ebd. S. 49 f.
9 Japan's Decision for War. Hrsg. v. N. Ike. Stanford 1967, S. 64 ff.; A. Hillgruber, Japan und der Fall „Barbarossa". In: Wehrwissenschaftliche Rundschau. 1968, Nr. 6. S. 312–336; B. Martin, Deutschland und Japan im Zweiten Weltkrieg. Göttingen 1969. S. 97 ff.; M. Libal, Japans Weg in den Krieg. Die Außenpolitik der Kabinette Konoye 1940/41. Düsseldorf 1971.
10 R. H. Jones, The Roads to Russia. Norman, Okla. 1969; R. H. Dawson, The Decision to Aid Russia 1941. Chapel Hill, N. C. 1959; J. Carl, Das amerikanische Leih- und Pachtgesetz. Frankfurt a. M. 1957; W. Schlauch, Rüstungshilfe der USA an die Verbündeten im Zweiten Weltkrieg. Darmstadt 1967; T. H. V. Motter, The Persian Corridor and Aid to Russia. Washington 1952; R. E. Sherwood, Roosevelt and Hopkins. New York 1948; E. R. Stettinius, Lend-Lease. New York 1944; J. R. Deane, The Strange Alliance. New York 1946. – Zur Vorgeschichte: W. F. Kimball, The Most Unsorted Act: Lend-Lease 1939–1941. Baltimore 1969. – Allgemein zu den sowjetisch-amerikanischen Beziehungen:

G. Moltmann, Die amerikanisch-sowjetische Partnerschaft im zweiten Weltkrieg. In: Geschichte in Wissenschaft und Unterricht. 1964, Nr. 8. S. 493–500 und 1965, Nr. 4. S. 218–222; G. Smith, American Diplomacy during the Second World War, 1941–1945. New York 1965; von sowjetischer Seite: Ju. L. Kuznec, Ot Pirl-Charbora do Potsdama. Vnešnjaja politika SŠA v gody vtoroj mirovoj vojny. Moskau 1970.

11 Wichtigste sowjetische Darstellung: A. M. Samsonov, Die große Schlacht von Moskau. (Aus d. Russ.) Berlin 1959; Geschichte des Großen Vaterländischen Krieges der Sowjetunion. Bd. 2, S. 325 ff. – Weitere Details bei: Schukow, Erinnerungen und Gedanken, S. 313 ff. – Umfassend aus deutscher Sicht (unter Auswertung der sowjetischen Veröffentlichungen): K. Reinhardt, Die Wende vor Moskau. Das Scheitern der Strategie Hitlers im Winter 1941/42. Stuttgart 1972.

12 G. Rhode, Die politische Entwicklung Polens im Zweiten Weltkrieg. In: Osteuropa-Handbuch. Polen. Köln 1959, S. 196 ff.; St. Kot, Conversations with the Kremlin and Dispatches from Russia. London 1963; E. J. Rozek, Allied Wartime Diplomacy. New York 1958.

13 Churchill, Bd. 3, S. 627 ff.; The Eden Memoirs. Bd. 2, London 1965. S. 289 ff.; Woodward, S. 190 ff.; J. L. Snell, Wartime Origins of the East-West-Dilemma over Germany. New Orleans 1959. S. 109 ff.

14 Briefwechsel Stalins, S. 41 ff.

15 J. Matl. Jugoslawien im Zweiten Weltkrieg. In: Osteurpa-Handbuch. Jugoslawien. Köln 1954. S. 112 ff. – Aus der Zeit des Konflikts Stalin–Tito: M. Pijade, Das Märchen von der sowjetischen Hilfe für den Volksaufstand in Jugoslawien. Belgrad 1950.

16 Sovetsko-francuzskie otnošenija vo vremja Velikoj Otečestvennoj vojny 1941–1945 gg. Dokumenty i materialy. Moskau 1959; Ch. de Gaulle, Mémoires de la guerre 1940–1946. Bd. 1–3, Paris 1954–59. – Aus kommunistischer Sicht: S. Thomas, Zu den sowjetisch-französischen Beziehungen während des zweiten Weltkrieges. In: Zeitschrift für Geschichtswissenschaft. 1960, Nr. 1. S. 143–156.

17 Churchill, Bd. 4, S. 297 ff.; Woodward, S. 194 ff.

18 I. N. Undasynov, Ruzvel't, Čerčill' i vtoroj front (1941–1943 gg.). Moskau 1965; V. M. Kuliš, Raskrytaja tajna. Predystorija vtorogo fronta v Evrope. Moskau 1965; Geschichte des Großen Vaterländischen Krieges der Sowjetunion. Bd. 2, S. 471 ff.; zuletzt V. M. Kuliš, Istorija vtorogo fronta. Moskau 1971. S. 151 f.

19 Ebd., S. 438 f.; Sherwood, S. 459.

20 Churchill, Bd. 6, S. 429 ff.; Bryant, Kriegswende, S. 429 ff.

21 Briefwechsel Stalins, S. 29 ff.

6. Probleme der Kriegskoalition 1943/44

Stärker noch als der Umschwung im Mittelmeerraum infolge der britischen Offensive gegen Libyen und der amerikanisch-britischen Invasion in Marokko und Algerien markierte die am 19. November 1942 begonnene Einschließung der 6. deutschen Armee im Raum von Stalingrad die äußere Wende des Krieges in Europa. Nach wie vor band dabei die Rote Armee das Gros des deutschen Heeres und den größeren Teil der deutschen Luftwaffe. Die von Roosevelt und Churchill am 24. Januar 1943 in Casablanca verkündete Formel der *„Bedingungslosen Kapitulation"* unterstrich zwar den bisher von Stalin bezweifelten festen Willen der beiden angelsächsischen Mächte, weder mit Hitler noch mit einer deutschen Nachfolgeregierung in separate Waffenstillstands- oder Friedensverhandlungen einzutreten und nicht nur die militärische, sondern auch die totale staatlich-politische Kapitulation Deutschlands zu fordern.[1] Doch wurde mit der Festlegung Churchills und Roosevelts auf die Fortsetzung ihrer Mittelmeerstrategie nur ein relativ geringer Teil der deutschen Kräfte gebunden. Das aber bedeutete zumindest für die nächsten Monate, die wiederum eine deutsche Offensive an der russischen Front erwarten ließen, daß die Sowjetunion auch weiterhin die Hauptlast des Krieges zu tragen und die weitaus größten Opfer für den gemeinsamen Sieg zu bringen hatte. Auf sowjetischer Seite gab dieser Sachverhalt zu der Vermutung Anlaß, daß die angelsächsischen Mächte ihre Kräfte für die Nachkriegszeit schonen wollten. Stalins Reaktion auf die „Unconditional-Surrender"-Formel, über die er erst kurz vor ihrer Verkündung informiert wurde, war dementsprechend zwiespältig. Zwar übernahm er sie in einem Tagesbefehl vom 1. Mai 1943, hielt sich jedoch dessen ungeachtet eigene Möglichkeiten offen. Das galt sowohl für die Möglichkeit einer Kontaktnahme mit Hitler als auch für die Förderung einer nationalen deutschen Opposition, die für die sowjetische Nachkriegspolitik wertvoll werden konnte.[2] Die beiden Westmächte dagegen hatten sich gegen jeden Kompromiß mit Hitler wie mit der deutschen Widerstandsbewegung festgelegt. Bereits in seinem Tagesbefehl vom 23. Februar 1942 zum 24. Gründungstag der Roten Armee hatte

Stalin erklärt, daß die Sowjetunion nicht die Absicht habe, „das deutsche Volk auszurotten und den deutschen Staat zu vernichten", und aufgefordert, zwischen Hitler und dem deutschen Staat zu unterscheiden: „Die Erfahrungen der Geschichte besagen, daß die Hitler kommen und gehen, aber das deutsche Volk, der deutsche Staat bleibt."[3]

Diese Differenzierung schloß eine zweigleisige *Deutschlandpolitik* nicht aus. Sie hinderte Stalin nicht daran, während der Schlacht um Stalingrad am 14. Dezember 1942 über Mittelspersonen in Stockholm durch erste Friedensfühler die Voraussetzungen für ein Arrangement mit Hitler zu erkunden: Grundlage eines Separatfriedens sollte die Interessengrenze sein, wie sie 1939 zwischen den beiden Mächten vereinbart worden war. Die strikte Ablehnung durch Hitler, der davon ausging, daß es keine Linie gebe, „auf die sich Deutschland und Rußland mit Rücksicht auf die Erfordernisse ihrer Ernährungs- und Rohstoffversorgung einigen könnten",[4] ließ den von Stalin angestrebten Kontakt nur vorübergehend abreißen. Am 18. Juni 1943, wenige Wochen vor der (dann binnen sieben Tagen gescheiterten) deutschen Offensive gegen den Frontbogen um Kursk, folgte eine zweite Offerte mit weniger klarer Kontur, schließlich, während der schon zum Dnepr vordringenden sowjetischen Gegenoffensive, am 3. September 1943 ein weiteres Angebot. Verhandlungsgegenstand sollte nun die Wiederherstellung der deutsch-russischen Grenze von 1914, freie Hand gegenüber den Meerengen und die Anerkennung der sowjetischen Ambitionen in Asien sein. Außerdem wurde die Wiederaufnahme intensiver Wirtschaftsbeziehungen zwischen beiden Staaten in Aussicht gestellt. Alle diese Fühler wurden von Hitler ebenso verworfen wie die seit dem Herbst 1941 immer wieder erneuerten Bemühungen der japanischen Regierung, zwischen der Sowjetunion und Deutschland zu vermitteln.

Im Sommer 1943 eröffnete Stalin sein politisches Spiel auch auf dem zweiten Strang der Deutschlandpolitik: am 12./13. Juli wurde in Krasnogorsk bei Moskau von deutschen kommunistischen Emigranten und einigen bei Stalingrad in sowjetische Kriegsgefangenschaft geratenen deutschen Offizieren das „*Nationalkomitee Freies Deutschland*" gegründet.[5] Mehr noch als die schwarz-weiß-roten

Farben dieses Komitees deutete die folgende Gründung des *„Bundes Deutscher Offiziere"* im Lager Lunevo bei Moskau (11./12. September 1943) darauf hin, daß – anknüpfend an Tauroggen- und Rapallo-Reminiszenzen – eine national-deutsche Anti-Hitler-Bewegung mit der Vision eines erneuerten deutsch-russischen Bündnisses ins Leben gerufen werden sollte. Ob Stalins Friedensfühler zu Hitler hinüber und das Ausspielen eines vermeintlich national-deutschen Trumpfes eine bloß dienende Funktion im Konflikt mit den angelsächsischen Verbündeten besaßen oder ob diese Deutschlandpolitik einen Eigenwert hatte, der nur deshalb nicht zum Tragen kam, weil sich die Bemühungen auf beiden Strängen als Fehlspekulationen erwiesen – diese Fragen werden, solange sowjetische Quellen hierzu fehlen, offenbleiben müssen.

Jedenfalls mußte in der Situation von 1943 allein die Möglichkeit eines sowjetischen Separatfriedens alarmierend auf die Westalliierten wirken. Das noch keineswegs entscheidend geschlagene deutsche Ostheer hätte, nach Lösung von der russischen Front, dem bisher gegen schwache deutsche Verbände gerichteten langsamen Vormarsch der britisch-amerikanischen Kräfte in der Mittelmeerzone ein rasches Ende bereiten können. Die angelsächsischen Mächte hätten sich dann in einen voraussichtlich langen Krieg gegen Deutschland und Japan verstrickt gesehen, in dem beide Feindmächte alle ihre Kräfte gegen sie einsetzen konnten.

Andererseits hatte Stalin im Sommer 1943 auch günstige Voraussetzungen geschaffen, die für die Sowjetunion eine erfolgversprechende Intensivierung der bisher recht formalen Koalition mit den Westalliierten versprachen. Am 15. Mai 1943 wurde die *Kommunistische Internationale* aufgelöst und damit ein bisher sehr störendes Hindernis für uneingeschränkte Sympathien weiter Kreise der Öffentlichkeit in Großbritannien und den USA für die verbündete Sowjetunion beseitigt.[6]

Diese Entscheidung bezeichnete Stalin in einem dem Vertreter der britischen Presseagentur Reuter in Moskau, H. King, am 28. Mai gewährten Interview als „richtig und zeitentsprechend" und nannte hierfür vier Gründe: „a) Sie entlarvt die Lüge der Hitlerleute, daß ‚Moskau' angeblich beabsichtige, sich in das Leben anderer Staaten einzumischen und sie zu ‚bolschewisieren' . . . b) Sie entlarvt die

Verleumdung seitens der Gegner des Kommunismus in der Arbei-
terbewegung, daß die kommunistischen Parteien der verschiedenen
Länder angeblich nicht im Interesse ihres eigenen Volkes, sondern
auf Befehl von außen handelten. c) Sie erleichtert die Arbeit der Patrioten der freiheitsliebenden Länder zur Vereinigung der progressi-
ven Kräfte ihrer Länder – unabhängig von deren Parteizugehörigkeit
und religiösen Überzeugung – zu einem einheitlichen nationalen
Freiheitslager zwecks Entfaltung des Kampfes gegen den Faschis-
mus. d) Sie erleichtert die Arbeit der Patrioten zur Vereinigung aller
freiheitsliebenden Länder zu einem einheitlichen internationalen
Lager für den Kampf gegen die Gefahr der Weltherrschaft des Hit-
lerfaschismus und macht dadurch den Weg frei für die zukünftige
Organisierung des Freundschaftsbundes der Völker auf der Grundlage ihrer Gleichberechtigung."[7] Mit dieser Erklärung Stalins fand
der Zickzackkurs, dem die kommunistischen Parteien in den westlichen Ländern seit dem August 1939 auf Weisung der Komintern-
Zentrale in engster Anlehnung an die Wendungen der sowjetischen
Außenpolitik hatten folgen müssen, scheinbar ein Ende. Zugleich
stellte sie einen weiteren Schritt im Rahmen der „patriotischen"
Agitation dar, die seit dem Herbst 1941 für die sowjetische Innen-
und Außenpolitik zunehmende Bedeutung gewonnen hatte.

Die Mitte der dreißiger Jahre wichtige Rolle der Komintern in der Absicherung der Politik der „Kollektiven Sicherheit" gegen die Aggressoren auf
dem Wege über die Volksfront-Taktik der kommunistischen Parteien in den
westlichen Ländern war schon seit dem Kurswechsel Stalins Anfang 1939
hinfällig geworden. Der Abschluß des Nichtangriffspakts mit Deutschland
am 23. August 1939 hatte dann eine Neuorientierung unumgänglich gemacht. In Molotovs Rede vor dem Obersten Sowjet am 31. August, in einem
Artikel des Generalsekretärs der Komintern, G. Dimitrov, „Der Krieg und
die Arbeiterklasse in den kapitalistischen Ländern" im Oktober und in einem
Manifest der Komintern vom 6. November 1939 wurde die Parole vom
Kampf aller kommunistischen Parteien gegen den imperialistischen Krieg
ausgegeben. Richtete sich dieser theoretisch auch gegen alle Kriegführenden,
so wirkte er sich praktisch im wesentlichen zugunsten Hitlers aus. Schwierigkeiten bereitete der Komintern anfangs nur die Gleichschaltung der französischen KP. Sie hatte am 2. September 1939 für die Militärkredite ge-
stimmt, schwenkte dann aber auf den Komintern-Kurs ein und forderte zur
Kriegsdienstverweigerung auf. Daraufhin wurde die KPF am 26. September

1939 verboten. Damit war die letzte kommunistische Massenpartei in Westeuropa in die Illegalität verwiesen. Ebenso wie die britische und die amerikanische KP agitierte sie für einen „Sofortfrieden". Im gleichen Sinne betätigte
sich der Sekretär der Komintern W. Ulbricht, der in einem Artikel der
„Welt" (Stockholm) vom 9. Februar 1940 zugleich gegen die deutsche Exil-
SPD polemisierte, die zur Unterstützung der westlichen Demokratien gegen
Hitler aufgefordert hatte: „Die deutsche Regierung erklärte sich zu friedlichen Beziehungen mit der Sowjetunion bereit, während der englisch-franzö-
sische Kriegsblock den Krieg gegen die sozialistische Sowjetunion will ...
Deshalb sehen nicht nur die Kommunisten, sondern auch viele sozialdemo-
kratische Arbeiter und nationalsozialistische Werktätige ihre Aufgabe
darin, unter keinen Umständen einen Bruch des Paktes zuzulassen. Wer gegen die Freundschaft des deutschen und des Sowjetvolkes intrigiert, ist ein
Feind des deutschen Volkes und wird als Helfershelfer des englischen Imperialismus gebrandmarkt."[8] – Lediglich in Italien wirkte sich die Antikriegsa-
gitation der illegalen KP insofern gegen Hitler aus, als sie das Bestreben Mus-
solinis störte, 1940 in den Krieg an der Seite Hitlers einzutreten. – Nach dem
Sieg über Frankreich suchte die KPF zunächst Kontakt mit der deutschen
Besatzungsmacht, ging im Frühjahr 1941 aber – wie die übrigen kommunistischen Parteien in den deutsch-besetzten Ländern angesichts der Verschlechterung des deutsch-sowjetischen Verhältnisses – zu einer antideut-
schen Streikagitation über. Der deutsche Angriff auf die Sowjetunion
(22. Juni 1941) war schließlich das Signal zur völligen Kehrtwendung. Anknüpfend an die antifaschistischen Formeln der Volksfront-Zeiten suchten
die Kommunisten in den besetzten Ländern innerhalb der Widerstandsbe-
wegungen zur führenden Kraft zu werden und damit wichtige Ausgangspositionen für die Nachkriegssituation in ihren Ländern zu gewinnen. Der imperialistische Krieg war nun zum „gerechten" Krieg geworden, doch
vermochte dieses intensive Bemühen um Einordnung in die nationalen Be-
wegungen nicht, das Mißtrauen insbesondere in Großbritannien und in den
USA gegenüber den von Moskau abhängigen kommunistischen Parteien zu
zerstreuen, so daß der Anti-Hitler-Koalition im internationalen Bereich
keine erneuerte Volksfront innerhalb der verbündeten imperialistischen
Staaten entsprach. Das Instrument Komintern war verbraucht und wurde
daher von Stalin formell beseitigt. Dimitrov zog in das Gebäude des ZK der
KPdSU um und erteilte von dort aus den Vertretern der Kommunistischen
Parteien nach wie vor Weisungen.

Wie sehr sich die sowjetische Führung auch innenpolitischen Gegebenheiten anzupassen gezwungen sah, zeigte ihre Hinwendung
zur russischen Tradition. Seit Beginn des „Großen Vaterländischen

Krieges" wichen die Formeln des „proletarischen Internationalismus" Appellen an den *russischen Patriotismus*. Sichtbaren Ausdruck fand diese Wendung in der Wiedereinführung der Offiziersränge und -achselstücke nach dem Muster der zaristischen Armee, der Aufwertung der Offiziere, der Einführung von Gardeeinheiten und in der Benennung von Orden und militärischen Verbänden nach Heroen der russischen Geschichte, wie z. B. Kutuzov oder Aleksandr Nevskij.

Dieser Nutzung russischer Traditionen für die Stärkung des Widerstandswillens mußte sich folgerichtig eine Aufwertung der *Russisch-Orthodoxen Kirche* anschließen. Nach einem ersten Telegrammwechsel zwischen Stalin und dem Moskauer Metropoliten Sergij am 7. November 1942 wurde der russischen Orthodoxie am 8. September 1943 zum ersten Male seit 1917 wieder die Wahl eines Patriarchen ermöglicht. Die orthodoxe Geistlichkeit erfüllte besonders in den besetzten Gebieten die in sie gesetzten Erwartungen. Mit ihren Aufrufen an die auf deutscher Seite kämpfenden Balkanvölker und dem 1942 erschienenen Sammelwerk „Pravda o religii v Rossii" trug die orthodoxe Kirche dazu bei, das internationale Ansehen der Sowjetregierung zu heben.

Die kirchenpolitische Neuorientierung bildete zugleich einen günstigen Ausgangspunkt für die Anknüpfung an *panslawistische Traditionen*. Sie waren ansatzweise schon bei dem Werben um Bulgarien und Jugoslawien im Frühjahr 1941 zum Ausdruck gekommen. Im Sommer 1941, nach Beginn des deutschen Angriffs, wurde ein Allslawisches Komitee gegründet, in dem der Historiker B. D. Grekov und der Schriftsteller A. Tolstoj eine führende Rolle spielten. Stalin hatte bereits in seiner Rede vom 6. November 1941 anläßlich des Revolutionstags die slawischen Völker aus dem Kreis der übrigen hervorgehoben, als er verkündete: „Wir haben keine Kriegsziele und können keine Kriegsziele haben wie etwa das Ziel, den slawischen und den anderen unterjochten Völkern Europas, die von uns Hilfe erwarten, unseren Willen und unser Regime aufzuzwingen."[9] Ein Jahr später appellierte er aus gleichem Anlaß bereits an die Gemeinsamkeiten der „slawischen Brüder". Die sowjetische Propaganda schlug damit einen Ton an, der nicht nur in dem am Krieg gegen die Sowjetunion unbeteiligten Bulgarien und in Jugoslawien, sondern u. a. auch bei den Soldaten der zwei auf russischem Territorium eingesetzten slowakischen Divisionen Wirkungen zeitigte. 1941 wurde die propagandistische Aktivität des Allslawischen Komitees durch die Herausgabe der Zeitschrift „Slavjane" wesentlich erweitert, die vor allem der Demonstration einer angeblichen Identität in der Zielsetzung aller slawischen Nationen diente.

Diese Wendungen dienten Stalin aber auch dazu, den psychologischen Schock aufzufangen, den die sowjetische *Polenpolitik* in den westlichen Ländern verursacht hatte.[10] Die Offenbarung des sowjetischen Ziels, die ostpolnischen Gebiete nicht wieder freizugeben, auf die Polen kein Recht habe, wie es eine Note an die polnische Exilregierung vom 2. März 1943 klar zu machen suchte, war noch weithin unbeachtet geblieben. Wenig später aber löste die vom Deutschen Nachrichten-Büro am 13. April verbreitete Meldung über die Massengräber polnischer Offiziere bei Katyn' eine Welle antisowjetischer Stimmung in der westlichen Öffentlichkeit aus. Die Forderung der polnischen Exilregierung vom 20. April, entweder endlich eine befriedigende Antwort auf den Verbleib der vermißten polnischen Offiziere zu erteilen oder aber sich mit der Untersuchung einer neutralen Kommission unter Einschaltung des Internationalen Roten Kreuzes an Ort und Stelle einverstanden zu erklären, beantwortete die Sowjetregierung am 25. April mit dem Abbruch der diplomatischen Beziehungen. Die für eine Verwirklichung der sowjetischen Ziele gegenüber Polen ohnehin schwer verwendbare Exilregierung hatte sich in Moskauer Sicht durch ihren Vorstoß selbst ausmanövriert und den Weg für eine erfolgversprechendere Lösung im sowjetischen Sinne freigegeben. Am 8. Mai 1943 wurde die Gründung eines „Verbandes polnischer Patrioten" (Zwiazek Polskich Patriotów) in der Sowjetunion bekanntgegeben, der als Kern einer kommunistischen polnischen Regierung anzusehen war. Kurz danach begann unter sowjetischer Kontrolle die Aufstellung einer ersten polnischen Division unter Oberst Z. Berling.

Die auf Grund der Vereinbarungen mit Ministerpräsident W. Sikorski gebildeten Verbände einer national-polnischen Armee unter General W. Anders waren inzwischen nach Überwindung beträchtlicher Schwierigkeiten in der Zeit von März bis August 1942 über Iran in den Machtbereich der Westalliierten gelangt. Die nach dem tödlichen Flugzeugabsturz Sikorskis (4. Juli 1943) neu gebildete Exilregierung unter St. Mikołajczyk bemühte sich vergeblich um Wiederanknüpfung des Kontakts zur Sowjetunion. Sie blieb daher auf Übermittlung ihrer Vorstellungen durch die britische und die amerikanische Regierung angewiesen. Doch die Reaktion Londons und Washingtons auf den Fall Katyn' hatte gezeigt, daß man der Koalition mit der Sowjetunion Vorrang vor den Verpflichtungen gegenüber der polnischen Exilregierung gab. Unter diesen Umständen konnte Stalin die Behandlung der polnischen Frage in seinem Sinne systematisch vorantreiben.

Die Beziehungen zur *tschechoslowakischen Exilregierung* in London unter Präsident E. Beneš hatten sich dagegen ohne besondere Reibungen im Sinn der sowjetischen Politik positiv gestaltet.[11] Am 18. Juli 1941 hatte die sowjetische Regierung die „Provisorische tschechoslowakische Regierung" anerkannt und dem nach wie vor in Moskau weilenden Z. Fierlinger wieder das Agrément als tschechoslowakischer Gesandter erteilt. Unter dem Trauma des „Verrats" der Westmächte in der Sudetenkrise 1938 verstärkte sich die schon früher erkennbare prosowjetische Orientierung des tschechoslowakischen Präsidenten. Am 9. Juni 1942 hatte die Sowjetregierung die Grenzen der Tschechoslowakei vor dem Münchener Abkommen als die für die UdSSR allein rechtsgültigen bestätigt. Die Bedeutung guter Beziehungen zur Sowjetunion ergab sich für Beneš auch daraus, daß im Lauf des Jahres 1943 der Vormarsch der Roten Armee über den Dnepr nach Westen eine Besetzung der Tschechoslowakei bei Kriegsende immer wahrscheinlicher werden ließ. Das am 23. Januar 1942 mit der polnischen Exilregierung abgeschlossene Bündnis, das eine wirtschaftliche, militärische und kulturelle Zusammenarbeit zwischen der ČSR und Polen in der Nachkriegszeit vorsah, hatte mit dem Bruch zwischen der sowjetischen und der polnischen Regierung seine Basis verloren. Während eines Besuchs von Beneš in Moskau wurde schließlich am 12. Dezember 1943 ein sowjetisch-tschechoslowakischer Vertrag über Freundschaft, gegenseitige Hilfe und Zusammenarbeit nach dem Kriege unterzeichnet. Die Vereinbarung versprach zwar eine Beachtung der Unabhängigkeit, der Souveränität und des Prinzips der Nichteinmischung, ließ aber die enge außenpolitische Bindung der Tschechoslowakei an die

UdSSR eindeutig erkennen. Dieser Erfolg der sowjetischen Mittel-
europapolitik in einem relativ frühen Stadium des Krieges war nicht
zuletzt eine Auswirkung der inzwischen auf den Konferenzen von
Moskau (19.–30. Oktober 1943) und Teheran (28. November–1. Dezember 1943) erzielten Intensivierung der Anti-Hitler-
Koalition.

Im September 1943 hatte die *Kapitulation Italiens* noch einmal die
Spannungen zwischen den drei Hauptalliierten sichtbar gemacht.[12]
Stalin erklärte sich als nicht konsultiert und über die Bedingungen
der italienischen Kapitulation noch nicht einmal ausreichend informiert. Sein Vorschlag zur Einrichtung einer „militärisch-politischen
Kommission" aus Vertretern der drei Mächte zur Vorklärung der
Verhandlungen mit den von Deutschland abfallenden Regierungen
blieb unbeantwortet: er lehnte daraufhin seinerseits eine Einladung
Roosevelts zu einem Treffen in Fairbanks (Alaska) ab, akzeptierte
dann jedoch einen durch lancierte sowjetische Presseäußerungen
provozierten Vorschlag Churchills, eine Konferenz der Außenminister der drei Mächte (C. Hull, A. Eden und V. M. Molotov) einzuberufen. Dieses Treffen sollte, seiner Anregung vom 8. September
1943 entsprechend, in Moskau stattfinden. Die damit anvisierte *neue
Phase der sowjetischen Außenpolitik* war in ihrem Kern darauf gerichtet, unter Ausspielen der für den Kriegsausgang in Europa entscheidenden Potenz der Roten Armee, in einer Serie von Konferenzen im Rahmen der Anti-Hitler-Koalition ein breites Glacis bis nach
Mitteleuropa hinein zur weiträumigen Sicherung der Sowjetunion
zu gewinnen. Dieser Versuch wurde eingeleitet durch die Ablösung
prominenter sowjetischer Diplomaten, die als Vertreter der älteren
Politik der „Kollektiven Sicherheit" zur Sympathiewerbung in den
westlichen Hauptstädten belassen bzw. dorthin entsandt worden
waren. So wurden Anfang Oktober 1943 die Botschafter
I. M. Majskij (London) und M. M. Litvinov (Washington) durch
die Karriere-Diplomaten F. T. Gusev und A. A. Gromyko ersetzt.
Etwa gleichzeitig übernahm der Vertraute Roosevelts W. A. Harriman die Leitung der amerikanischen Botschaft in Moskau, während
General J. R. Deane, bisher Sekretär des Joint Chief of Staff in Washington, Leiter der erweiterten amerikanischen Militärmission in
Moskau wurde, um – im Endeffekt vergeblich – die militärische Zu-

sammenarbeit zwischen den „seltsamen Verbündeten" effektiver zu gestalten. Eine am 10. September 1943 vom japanischen Botschafter N. Sato vorgenommene neue Sondierung bei Molotov hinsichtlich einer Vermittlung im sowjetisch-deutschen Krieg behandelte die sowjetische Regierung zunächst dilatorisch, informierte nach dem Abschluß der Konferenz von Teheran jedoch den amerikanischen Partner von dieser Offerte.[13]

Eine entscheidende Vorbedingung für den Erfolg der weitgespannten Zielsetzung Stalins war inzwischen dadurch eingetreten, daß eine Analyse des amerikanischen Generalstabs über die Kräfteverhältnisse in Europa nach dem Sieg die von Roosevelt als Grundlage für seine Gesamtpolitik übernommenen Schlußfolgerungen bestätigt hatte.[14] Diese Studie vom August 1943 ging davon aus, daß die Sowjetunion nach Kriegsschluß ein militärisches Übergewicht auf dem europäischen Kontinent haben werde; die amerikanische Politik müsse deshalb durch weitgehendes Entgegenkommen gegenüber den Forderungen Stalins die Fortdauer des amerikanisch-sowjetischen Einvernehmens über das Kriegsende hinaus langfristig zu sichern suchen. Durch die sowjetische Rüstungspolitik und die Erfolge der Roten Armee hatte sich somit auf dem Höhepunkt des Krieges eine für die künftige außenpolitische Position der Sowjetunion grundlegende Voraussetzung eingestellt.

In diesem Zusammenhang wird bereits die Entscheidung der *Konferenz* zwischen Roosevelt und Churchill in *Quebec* (14.–24. August 1943) zu sehen sein, statt einer Intensivierung des Krieges im Mittelmeerraum, die nach dem Ausfall Italiens möglich gewesen wäre und von britischer Seite befürwortet wurde, den Großangriff im Mai 1944 durch eine Invasion Frankreichs von der britischen Insel aus zu eröffnen. Von dieser strategischen Grundentscheidung für die letzte Phase des Krieges in Europa, die einschloß, daß die Rote Armee sehr weit nach Zentraleuropa hinein vorstoßen würde, erfuhr Stalin durch eine Mitteilung Roosevelts und Churchills vom 26. August 1943. Sie warf für die sowjetische Seite die Frage auf, ob und wieweit die USA und Großbritannien bereit waren, sich an dem von der Roten Armee zu besetzenden Teil Europas auch politisch desinteressiert zu zeigen und darüber hinaus eine feste Abgrenzung des sowjetischen Einflußbereichs zuzugestehen.

Auf der Eröffnungssitzung der *Moskauer Konferenz*[15] der drei
Außenminister am 19. Oktober 1943 begann Molotov mit der Erör-
terung der künftigen Position der Türkei und Schwedens, der beiden
neutralen Staaten an den Flanken des Raums, in den die Rote Armee
vorstoßen würde. Er schlug eine gemeinsame Aufforderung an die
Türkei zum Kriegseintritt und an Schweden zur Überlassung von
Flugzeugbasen für die drei Hauptalliierten vor. Das Ausweichen der
Außenminister Eden und Hull veranlaßte Molotov, von einer
gründlicheren Diskussion über andere Staaten, die im unmittelbaren
Interessenbereich der Sowjetunion lagen, Abstand zu nehmen. Seine
Bemerkung, daß die Sowjetunion „ein starkes unabhängiges" (d. h.
nicht von den Westmächten abhängiges), aber „sowjetfreundliches"
Polen wünsche, wurde von den beiden Außenministern in ihrer Re-
levanz nicht erfaßt. Beschlossen wurde lediglich die Wiederherstellung einer unabhängigen Republik Österreich in den Grenzen von
1937.[16] In einer veröffentlichten Erklärung bei Abschluß der Konferenz am 1. November 1943 wurde dies als Ziel der Anti-Hitler-Koalition verkündet. In sowjetischer Sicht sollte das künftige Österreich
Teil einer neutralen Pufferzone am Westrand des Glacis sein. Die
Erörterung der Stellung der übrigen Staaten westlich der Sowjetunion und ihres erweiterten Machtbereichs wurde der nunmehr fest
in Aussicht genommenen Konferenz der drei Regierungschefs überlassen. Auf Grund eines britischen Vorschlags, der den sowjetischen
Antrag auf Bildung einer militärisch-politischen Kommission mo-
difizierte, errichteten die drei Mächte überdies eine *„Europäische
Beratende Kommission"* mit Sitz in London (F. T. Gusev, UdSSR,
J. Winant, USA, Sir W. Strang, Großbritannien).[17] Diese Kommission sollte den drei Regierungen Vorschläge für die mit der Beendigung des Krieges in Europa im Zusammenhang stehenden Probleme
unterbreiten. Dazu gehörte vor allem auch die Regelung der Nachkriegsverhältnisse in Deutschland.

Molotov billigte den von Churchill bereits in Quebec akzeptierten
amerikanischen Vorschlag einer Viermächte-Deklaration (einschließlich Chinas), die die Notwendigkeit der Zusammenarbeit der
Alliierten auch nach dem Krieg betonte und die Gründung einer
umfassenden internationalen Organisation zur Aufrechterhaltung
von Frieden und Sicherheit in Aussicht nahm. Die noch sehr vage

gehaltenen amerikanischen Vorstellungen zu diesem zentralen Problem erleichterten Molotovs Zustimmung, ohne die Sowjetunion in irgendeiner Weise zu binden. Sie bot zugleich die Möglichkeit, den Vorschlag Edens, verschiedene „Föderationen" europäischer Mittel- und Kleinstaaten zu bilden, abzulehnen. Für die sowjetische Seite lag der Verdacht nahe, daß dabei vor allem an ostmitteleuropäische Kombinationen gedacht war, die im Endeffekt auf die Bildung eines modifizierten „cordon sanitaire" hinausliefen. Diese Vermutung mochte sich aus dem Tatbestand ergeben, daß die Exilregierungen Polens und der Tschechoslowakei im Januar 1942 bereits einen Bündnisvertrag abgeschlossen hatten, der in diesem Sinn interpretiert werden konnte.

Schließlich wurde von der Konferenz noch eine Erklärung über Italien verabschiedet, die eine Säuberung von „faschistischen und faschistenfreundlichen Elementen" ermöglichen sollte. Außerdem kündigte eine von Roosevelt, Churchill und Stalin unterzeichnete „Erklärung über Grausamkeiten" die Verurteilung von deutschen „Kriegsverbrechern" nach Kriegsende an. Beides ließ sich dank der Vieldeutigkeit der Terminologie als Hebel für die sowjetische Politik gegenüber Italien und Deutschland verwenden.

Über Probleme des Fernen Ostens kam es in Moskau zu keinen Beschlüssen. Die Einladung Roosevelts an Molotov und das sowjetische Oberkommando zu einem Treffen mit den amerikanischen und britischen Stabschefs während der in Kairo vorgesehenen Konferenz mit Marschall Chiang Kai-shek über Kriegführung und Nachkriegsfragen im Pazifik und in Ostasien (22.–26. November 1943) wurde von Stalin abgelehnt. Ihm konnte nicht daran gelegen sein, auch nur indirekt vor der Beendigung des Krieges gegen Deutschland in den Krieg gegen Japan hineingezogen zu werden. Die Sowjetunion hätte damit die im Vergleich zu den beiden angelsächsischen Mächten so günstige Position verloren, nur an einer großen Front Krieg führen zu müssen, und wäre auf diese Weise stärker an die Kriegführung der USA und Großbritanniens gebunden worden. Beim Abschiedsbankett für Hull am 30. Oktober 1943 hatte Stalin allerdings erstmals erklärt, daß die Sowjetunion nach der Niederlage Deutschlands am Krieg gegen Japan teilnehmen werde. Diese als vertrauliche Information für den amerikanischen Präsidenten bestimmte Zusicherung konnte dazu dienen, die Konzessionsbereitschaft Roosevelts in europäischen Fragen bei dem bevorstehenden Treffen der Regierungschefs zu erhöhen.

Die erste *Konferenz* der „Großen Drei" in dem vorübergehend wieder sowjetisch besetzten *Teheran*[18] vom 28. November bis 1. Dezember 1943 bot Stalin Gelegenheit, die Haltung Roosevelts und Churchills zu den wichtigsten ostmitteleuropäischen Fragen zu testen. Im Gegensatz zu Molotovs Drängen auf der Moskauer Außenministerkonferenz hielt sich Stalin hinsichtlich eines Kriegseintritts der Türkei zurück. Er schien zu fürchten, daß die damit verbundene, ihm an sich erwünschte Öffnung der Meerengen nur um den Preis westlicher militärischer Hilfeleistung für die Türkei zu erreichen war und zu einem Eindringen britischer und amerikanischer Seestreitkräfte ins Schwarze Meer führen würde. Ein stärkeres Engagement der angelsächsischen Mächte in der Türkei aber konnte nicht nur die alliierte Invasion im Westen weiter verzögern, sondern auch ein dauerhaftes Festsetzen der Briten und Amerikaner an den Meerengen und in Südosteuropa ermöglichen. Aus den gleichen Gründen verwarf Stalin auch einen von Churchill unterstützten Vorschlag Roosevelts, von Italien aus britische und amerikanische Kräfte an der jugoslawischen Adriaküste zur Unterstützung der Partisanen Titos landen zu lassen. Stalin nahm andererseits befriedigt zur Kenntnis, daß Großbritannien nunmehr allein dem als selbständigen alliierten Befehlshaber anerkannten Tito militärische Unterstützung zukommen lassen wollte und damit die nationalserbische Bewegung des Generals D. Mihajlović (und praktisch auch die jugoslawische Exilregierung König Peters II.) fallen gelassen hatte. So konnte die Sowjetregierung ihrerseits am 15. Dezember 1943 das „Nationale Befreiungskomitee" Titos in Jajce als einzige jugoslawische Regierung anerkennen und die Beziehungen zur Londoner Exilregierung des Ministerpräsidenten J. Šubašić abbrechen, die bis zuletzt versucht hatte, einen Freundschafts- und Beistandspakt mit der Sowjetunion im Stil des sowjetisch-tschechoslowakischen Vertrags vom 12. Dezember 1943 abzuschließen.

Bei der Erörterung der Situation Finnlands, das nach ergebnislosen sowjetischen „Fühlern" zwischen September und Dezember 1942 seinerseits gerade wegen eines Friedensschlusses mit der So wjetunion sondiert hatte,[19] beharrten Roosevelt und Churchill auf der Wahrung der Freiheit eines – wenn auch verkleinerten – finnischen Staates. Diese Haltung zeigte der sowjetischen Führung, daß ein Versuch, dieses Land vollständig zu erobern und zu annektieren, wie schon im Winter 1939/40 noch immer einen Konflikt mit den beiden angelsächsischen Mächten auslösen konnte, zumal da die USA nach wie vor diplomatische Beziehungen zu Finnland unterhielten. Wie in allen Fragen, die Stalin für die Sowjetunion nicht als lebensnotwendig betrachtete, schreckte er auch in diesem Fall vor einem Risiko zurück.

Der Unterschied zwischen dem vorsichtigen Taktieren gegenüber Finnland und der sowjetischen Haltung hinsichtlich der Baltischen Staaten und Polens machte dies besonders deutlich.[20] Eine Wiederholung der Volksabstimmung in den Baltischen Staaten nach der Rückeroberung durch die Rote Armee, wie sie Roosevelt anregte, lehnte Stalin kategorisch ab. Daß die USA – bis weit über das Ende des Zweiten Weltkrieges hinaus – die Gesandtschaften Estlands, Lettlands und Litauens in Washington weiterhin als rechtmäßige Vertretungen der Baltischen Länder betrachteten, nahm er als machtpolitisch bedeutungslos hin.

Die Diskussion der „Großen Drei" über Polen beschränkte sich auf die Erörterung der Grenzfrage, die den Westmächten weniger bedeutsam erschien als die künftige soziale und politische Ordnung dieses Staates. Für Stalin freilich ging es hier wegen der Verklammerung mit dem Deutschlandproblem um eine fundamentale Frage seiner weit vorausschauenden Europapolitik. Hinsichtlich der künftigen polnischen Ostgrenze hat sich Stalin sein Zurückweichen von der anfangs geforderten Anerkennung der Ribbentrop-Molotov-Linie auf die sog. Curzon-Linie, die im Gegensatz zur Grenzziehung von 1939 den Bezirk Białystok bei Polen beließ, mit der Zustimmung Roosevelts und Churchills zur Einverleibung des nördlichen Ostpreußen einschließlich Königsbergs „bezahlen" lassen. Als neue polnische Westgrenze, die mit sowjetischer Hilfe gewonnen werden sollte, bezeichnete Stalin unter Zustimmung Churchills den Flußlauf der Oder, ohne daß dieses Problem indessen vertieft worden wäre.

Ins Grundsätzliche zielten die Erörterungen zur Deutschlandfrage,[21] obwohl auch hierzu noch keine Entscheidungen getroffen wurden. Als eine für die sowjetischen Interessen im Donau- und Balkanraum bedrohliche Variante der von Eden auf der Moskauer Konferenz vorgeschlagenen „Föderationen" mußte für Stalin die Konzeption Churchills erscheinen, die eine Trennung Preußens von Süddeutschland und den Zusammenschluß Badens, Württembergs und Bayerns mit Österreich und Ungarn zu einer „Donaukonföderation" vorsah. Die Alternative Roosevelts, das Deutsche Reich in den Versailler Grenzen in fünf „autonome" Staaten aufzuteilen, schien Stalin vorteilhafter zu sein. Bei allgemeiner Befürwortung einer Zerstückelung Deutschlands hat er sich freilich auch mit diesem Plan nicht identifiziert, sondern sich andere Möglichkeiten offen gehalten.

Im ganzen waren die in Teheran behandelten Territorialprobleme mit Ausnahme der allerseits akzeptierten Curzon-Linie als künftige Ostgrenze Polens ungelöst geblieben. Das entsprach der Tendenz Roosevelts, alle Einzelentscheidungen nach Möglichkeit bis zum Kriegsende aufzuschieben. In Umrissen war die sowjetische Zielsetzung jedoch aus den Äußerungen Stalins erkennbar geworden. Andererseits war die von Roosevelt skizzierte internationale Organisation mit einem Exekutivorgan in Gestalt von „vier Polizisten" (USA, Sowjetunion, Großbritannien, China), die im Fall einer Bedrohung des Friedens sofort einschreiten sollten, immer noch so vage geblieben, daß Stalin sich zu keiner eindeutigen Festlegung genötigt sah. Beide Seiten scheuten offensichtlich vor der Gefahr zurück, den Versuch einer Einigung dem Risiko des Scheiterns und des Auseinanderbrechens der Anti-Hitler-Koalition auszusetzen. Dieses Ausweichen war indessen kaum weniger problematisch, als es ein offenes Austragen der bestehenden Differenzen gewesen wäre. Denn die grundlegende militärische Entscheidung der beiden angelsächsischen Mächte zur Invasion in Westeuropa erforderte eine Klärung zumindest zweier wichtiger Problemkomplexe: der künftigen sowjetischen Machtsphäre und der internationalen Organisation zur Sicherung des Weltfriedens nach Kriegsende, wenn schwerwiegende Spannungen mit unübersehbaren Auswirkungen auf die Nachkriegszeit vermieden werden sollten. Die erneuerte Zusage Stalins, die Sowjetunion in den Krieg gegen Japan zu führen, sobald die

Kampfhandlungen in Europa beendet waren, wog für Roosevelt angesichts der fortdauernden Last des Pazifik-Krieges die verbliebene Unklarheit über die politische Zukunft großer Teile Europas auf.[22]

Eine offizielle Verlautbarung nach Abschluß der Konferenz von Teheran hatte der Weltöffentlichkeit die Entschlossenheit der „Großen Drei" zur gemeinsamen Erkämpfung des Sieges demonstrieren sollen. Eine „Deklaration der drei Mächte über Iran" vom 1. Dezember 1943 wiederholte die Zusicherung, die Unabhängigkeit, Souveränität und territoriale Integrität des Landes zu wahren. Sie schien, gerade weil es sich dabei um einen Formelkompromiß handelte, ein Muster für Vereinbarungen über andere strittige Länder abgeben zu können.

Schneller wohl als noch in Teheran von Stalin erwartet, zeichnete sich eine *Aufteilung Deutschlands in Besatzungszonen* nach sowjetischen Vorstellungen ab.[23] Der Vorschlag des britischen Vertreters in der Europäischen Beratenden Kommission in London vom 15. Januar 1944 entsprach ihnen so sehr, daß sich ihm der sowjetische Entwurf eines Abkommens zwischen den drei Hauptalliierten vom 18. Februar 1944 im wesentlichen anschloß: Die Demarkationsgrenze zwischen dem von der Roten Armee und den von den Armeen der Westalliierten zu besetzenden Teilen Deutschlands sollte auf der Linie Lübeck–Helmstedt–Eisenach–Hof verlaufen und für Berlin ein Sonderstatus vereinbart werden. Etwa 40% des Reichsgebiets in den Grenzen von 1937, 36% der deutschen Bevölkerung und 33% der Wirtschaftskapazität sollten zur sowjetischen Besatzungszone gehören. Allerdings plädierte die sowjetische Seite für integrale, ausschließlich von einer Macht besetzte Zonen, während die britische Regierung gemischte Besatzungsverbände in allen Zonen, nur mit der Federführung bei einer Besatzungsmacht, befürwortet hatte. Roosevelt, der am 19. November 1943 noch eine weit nach Osten vorgeschobene amerikanische Besatzungszone anvisiert hatte – Berlin sollte auf der Grenze zwischen der amerikanischen und sowjetischen Zone liegen –, stimmte im April 1944 der auf die sowjetische Konzeption eingeschwenkten britischen Haltung zu. Am 12. September 1944 wurde ein auf dieser Grundlage beruhendes „1. Zonenprotokoll" unterzeichnet.

Demgegenüber waren die Grundfragen im ostmitteleuropäischen

Bereich von Finnland über Polen bis nach Rumänien noch keineswegs im sowjetischen Sinn gelöst. Zwar hatte sich Churchill in Teheran bereit erklärt, die Zustimmung der *polnischen Exil-Regierung* unter St. Mikołajczyk zur Curzon-Linie als künftiger polnischer Ostgrenze zu gewinnen. Doch als die Rote Armee im Zuge ihres Vormarschs nach Westen am 4. Januar 1944 die sowjetisch-polnische Grenze von 1921 in Wolhynien überschritt, hatte Churchill den polnischen Exilpremier noch nicht einmal von dieser Absprache verständigt. Da bis zur Einstellung der sowjetischen Offensive nur relativ kleine Teile des ostpolnischen Gebiets in Wolhynien erobert worden waren, konnte dieses Problem vorerst noch in der Schwebe gehalten werden. Hingegen machte der erfolgreiche Verlauf der am 4. März 1944 eingeleiteten sowjetischen Offensive am Südteil der Front, die über Bessarabien und die Nordbukowina hinaus bis auf altrumänisches Gebiet in der Moldau vordrang, eine offizielle sowjetische Stellungnahme zum Problem *Rumänien* notwendig. Die Dringlichkeit einer solchen Äußerung ergab sich daraus, daß nach Abweisung aller rumänischen Sondierungen, einen Waffenstillstand mit den Westmächten abzuschließen, am 17. März Geheimverhandlungen rumänischer Emissäre mit Vertretern der drei alliierten Hauptmächte in Kairo eingeleitet worden waren.[24] Am 2. April erläuterte Molotov auf einer Pressekonferenz in Moskau die sowjetischen Ziele gegenüber Rumänien: Er leugnete jegliche territorialen Ambitionen wie auch die Absicht der Sowjetunion, die Sozialstruktur des Landes zu verändern; vielmehr sprach er von einer ausschließlich auf die Vertreibung der deutschen Truppen gerichteten militärischen Operation. Der sowjetische Vertreter bei den Kairoer Geheimverhandlungen, K. V. Novikov, überreichte dem rumänischen Delegierten, Prinz Barbu Stirbey, am 12. April 1944 einen sechs Punkte umfassenden Katalog, der als Waffenstillstandsbedingungen den gemeinsamen Kampf des rumänischen Heeres mit der Roten Armee, die Anerkennung der sowjetisch-rumänischen Grenze vom 22. Juni 1941, die Zahlung von Reparationen, die Entlassung aller alliierten Kriegsgefangenen, Bewegungsfreiheit für die Rote Armee auf dem Territorium Rumäniens und – als einzige Konzession – das Einverständnis der Sowjetunion zur Annullierung des zweiten Wiener Schiedsspruchs vom 30. August 1940 aufführte. Als die Regierung I. Antonescu diese Bedingungen am 15. Mai 1944 ablehnte, wurde von den drei Hauptalliierten in Kario mit Vertretern der sich formierenden rumänischen Opposition, eines Blocks von vier Parteien einschließlich der zahlenmäßig sehr schwachen Kommunisten, weiterverhandelt. Zugleich aber intensivierte Moskau den bereits im Dezember 1943 auf ihre Initiative hin geknüpften Kontakt zwischen der sowjetischen Gesandtin in Stockholm, A. M. Kollontaj, und dem dortigen rumänischen Gesandten, F. C. Nanu. Am 2. Juni 1944 erklärte die sowjetische Regierung über diesen direkten Verhandlungsstrang ihre Bereitschaft, Rumäniens Neutralität zu akzeptieren, falls die deutschen Truppen das Land innerhalb von 15 Tagen nach Abschluß des Waffenstillstands verließen. Auch sollte die Reparationsleistung begrenzt und die zivile rumänische Verwaltung in den besetzten Gebieten nicht angetastet werden. Selbst dieses Zugeständnis führte indessen nicht zu dem angestrebten Frontwechsel Marschall Antonescus, der einen raschen Vorstoß der Roten Armee über die Donau in Richtung auf die türkischen Meerengen ermöglichen sollte.

Ähnlich schwierig gestalteten sich die ebenfalls seit Dezember 1943 in Stockholm geführten geheimen Verhandlungen mit *Finnland*.[25] Die von A. M. Kollontaj dem finnischen Emissär J. K. Paasikivi übermittelten Forderungen wurden am 29. Februar 1944 von der finnischen Regierung und dem Reichstag abgelehnt und am gleichen Tag in Moskau veröffentlicht. Die sowjetischen Bedingungen umfaßten den Bruch mit Deutschland und die Internierung der deutschen Truppen, gegebenenfalls mit sowjetischer Hilfe, das Wiederinkrafttreten des Moskauer Friedensvertrags vom 12. März 1940, die sofortige Freilassung aller alliierten Kriegsgefangenen, Reparationsleistungen in noch unbestimmter Höhe und die Abtretung des Gebietes von Petsamo an die UdSSR. Nachfolgende Bemühungen der finnischen Regierung um eine Abmilderung führten am 21. März 1944 zwar zu der offiziellen Erklärung, daß die Verhandlungen gescheitert seien, doch blieben die sowjetisch-finnischen Kontakte dessenungeachtet bestehen. Vom 26. März bis 1. April 1944 hielten sich Paasikivi und der frühere Außenminister, C. Enckell, zur Fortsetzung der Verhandlungen in Moskau auf. Die sowjetische Seite erklärte sich nunmehr zu einer Konzession, der

Rückgabe von Hangö, bereit, falls der Rückzug der deutschen Truppen aus Finnland bereits im April erzwungen würde. Die finnische Seite sollte außerdem die Herabsetzung der finnischen Armeestärke (im Mai auf die Hälfte, im Juni/Juli auf den Friedensstand) sowie Reparationslieferungen im Wert von 600 Mill. Dollar im Lauf von fünf Jahren zusätzlich zu den schon übermittelten Bedingungen akzeptieren. Auch diese modifizierten sowjetischen Forderungen für einen Waffenstillstand wurden vom finnischen Reichstag am 12. April abgelehnt. Damit rissen die sowjetisch-finnischen Kontakte bis zum August 1944 ab.

Die Verhandlungen mit Finnland und Rumänien hatten ohne die zur Durchsetzung der sowjetischen Absichten wichtige Vorklärung der Haltung der Westmächte geführt werden müssen. Erst ein scharf kalkulierter begrenzter Eingriff in den britisch-amerikanischen Machtbereich im Mittelmeer führte zu dem erhofften Ergebnis: einem Angebot Großbritanniens zur Abgrenzung von Operationsräumen als Vorstufe für eine von Stalin gewünschte Absteckung von Interessensphären.[26] Am 13. März 1944 erkannte die sowjetische Regierung in einer überraschenden Schwenkung ihrer Italienpolitik die in Bari residierende kgl. Regierung Badoglio an, die sie bisher in Auseinandersetzungen mit der britischen und amerikanischen Besatzungspolitik unter Hinweis auf die Deklaration der Moskauer Konferenz als faschistisch kritisiert hatte. Nach Herstellung diplomatischer Beziehungen kehrte der Führer der italienischen Kommunisten, P. Togliatti, in das befreite Süditalien zurück. Seine Erklärung, zum Eintritt in ein Kabinett unter Führung P. Badoglios bereit zu sein (verwirklicht am 22. April), verhinderte dessen bereits vorbereiteten Sturz durch die westlich orientierten Parteien. Ein vergleichbarer Vorgang spielte sich in Algier im Französischen Komitee der Nationalen Befreiung ab. Zwei Vertreter der Kommunistischen Partei Frankreichs, die bisher alle Angebote de Gaulles abgelehnt hatten, traten am 4. April 1944 dem Komitee bei.

Das gezielte Hinübergreifen der sowjetischen Politik in den *Mittelmeerraum* gab den Anstoß zu dem am 5. Mai 1944 der Sowjetregierung übermittelten Vorschlag der britischen Regierung, Südosteuropa in eine sowjetische und eine britische „Operationszone" aufzuteilen. Rumänien sollte sowjetische, Griechenland britische

Operationszone werden. Obwohl mit diesem militärischen Begriff eine Assoziation zu dem durch die Verwendung im deutsch-sowjetischen Grenz- und Freundschaftsvertrag belasteten Terminus „Interessensphäre" vermieden wurde, war doch für Stalin offenkundig, daß damit die beherrschende Stellung der Sowjetunion in Rumänien von Großbritannien anerkannt worden war. Die Annahme des britischen Vorschlags durch die Sowjetregierung lag nahe, zumal Churchill das Abkommen auf Bulgarien, das zur sowjetischen, und Jugoslawien, das zur britischen Operationszone werden sollte, ausdehnte. Der ablehnenden Haltung der amerikanischen Regierung gegenüber solchen territorialen Abreden entsprach es, daß Roosevelts Zustimmung am 12. Juni 1944 unter der Voraussetzung erfolgte, daß diese Übereinkunft auf drei Monate begrenzt blieb. Für die Sowjetunion galt es nun, diese Zeit zur Eroberung Rumäniens und Bulgariens zu nutzen. Da sich die tschechoslowakische Exilregierung schon am 8. Mai 1944 in einer gesonderten Vereinbarung mit der sowjetischen Regierung mit einer Befreiung des Landes durch die Rote Armee einverstanden erklärt hatte, war somit im Vormarschbereich der Roten Armee neben Ungarn nur noch die polnische Frage ungeklärt geblieben.

Anmerkungen

1 G. Moltmann, Die Genesis der Unconditional-Surrender-Forderung. In: Probleme des Zweiten Weltkrieges. Hrsg. v. A. Hillgruber, Köln 1967. S. 171–198; R. Hansen, Das Ende des Dritten Reiches. Stuttgart 1966. S. 16 ff.

2 Zu den sowjetischen Friedensfühlern: D. B. Sanders (Pseudonym), Stalin Plotted a Separate Peace. In: The American Mercury. 1947, S. 519–527. P. Kleist, Zwischen Hitler und Stalin. Bonn 1950. S. 230 ff.; K.-H. Minuth, Sowjetisch-deutsche Friedenskontakte 1943. In: Geschichte in Wissenschaft und Unterricht. 1965, Nr. 1. S. 38–45.

3 Stalin, Über den Großen Vaterländischen Krieg der Sowjetunion, S. 49 f.

4 Staatsmänner und Diplomaten bei Hitler. Hrsg. v. A. Hillgruber. Teil 2, Frankfurt a. M. 1970, S. 159 ff. (Aufzeichnungen über Unterredung Hitler – italienischer Außenminister Graf Ciano, 18. Dezember 1942).

5 Zur Gründung des „Nationalkomitees Freies Deutschland" und des „Bundes Deutscher Offiziere": B. Scheurig, Fries Deutschland. Das Nationalkomitee und der Bund Deutscher Offiziere in der Sowjetunion (1943–1945). 2. Aufl., München 1961; Verrat hinter Stacheldraht? Das Nationalkomitee „Freies Deutschland" und der Bund Deutscher Offiziere in der Sowjetunion 1943–1945. Hrsg. v. B. Scheurig. München 1965; E. Weinert, Das Nationalkomitee „Freies Deutschland" 1943–1945. Berlin 1957; J. v. Puttkamer, Von Stalingrad zur Volkspolizei. 2. Aufl., Wiesbaden 1951; H. Graf v. Einsiedel, Tagebuch der Versuchung. Berlin 1950. Vgl. auch W. Wolff, Zu der antifaschistischen Bewegung unter den deutschen Kriegsgefangenen in der UdSSR bis zur Gründung des Nationalkomitees „Freies Deutschland". In: Die Große Sozialistische Oktoberrevolution und Deutschland. Bd. 2, Berlin 1967. S. 231–258, 466–469 und, zur Funktion des NKFD, A. Sywottek, Deutsche Volksdemokratie. Studien zur politischen Konzeption der KPD 1935–1946. Düsseldorf 1971.

6 The Communist International 1919–1943. Hrsg. v. J. Degras. Bd. 3, London 1965; G. Nollau, Die Internationale. Köln 1959; J. Braunthal, Geschichte der Internationale. Bd. 2 u. 3, Hannover 1963–1970; K. E. McKenzie, Comintern and World Revolution 1928–1943. New York 1964; Die Kommunistische Internationale. Kurzer historischer Abriß. (Aus d. Russ.) Berlin 1970; A. Kriegel, La dissolution du Komintern. In: Revue d'histoire de la deuxième guerre mondiale. 1967, Nr. 68. S. 33–43.

7 Text des Stalin-Interviews bei Stalin, Über den Großen Vaterländischen Krieg der Sowjetunion, S. 119–121.

8 W. Ulbricht, Hilferding über den „Sinn des Krieges", geringfügig gekürzt abgedruckt in: Der deutsche Kommunismus. Hrsg. v. Hermann Weber. Köln 1963. Dok. 109, S. 364 ff.

9 Text der Rede Stalins. In: Stalin, über den großen Vaterländischen Krieg der Sowjetunion, S. 16–38, hier: S. 36 f. Zum Problem der Anknüpfung an slawische Traditionen: E. Sarkisyanz, Rußland und der Messianismus des Orients. Tübingen 1955. S. 168 ff. – Für den Rückgriff auf militärische Traditionen: R. Kolkowicz, The Soviet Military and the Communist Party. Princeton 1967. – Für die Haltung der Kirche: J. Chrysostomus, Kirchengeschichte Rußlands der neuesten Zeit. Bd. 3, München 1968. S. 9 ff.

10 Documents on Polish-Soviet Relations 1939–1945. Bd. 1–2, London 1961–1967. Rhode, Die politische Entwicklung Polens, S. 199 ff.

11 Sovetsko-čechoslovackie otnošenija vo vremja Velikoj Otečestvennoj vojny 1941–1945 gg. Dokumenty i materialy. Moskau 1960; Memoirs of Dr. Eduard Beneš. London 1954; E. Táborský, Beneš and Stalin – Moscow 1943 and 1945. In: Journal of Central European Affairs. Bd. 13, 1953/54, Nr. 2. S. 154–181; jetzt vor allem auch V. Mastny, The Beneš-Stalin-Molotov Conversations in December 1943: New Documents. In: Jahrbücher für Geschichte Osteuropas. 1972, S. 367 ff.

12 Briefwechsel Stalins, S. 175 ff. und S. 543 ff.

13 Martin, Deutschland und Japan, S. 183 f.

14 Sherwood, S. 612; K. R. Greenfield, Die acht Hauptentscheidungen der amerikanischen Strategie im Zweiten Weltkrieg. In: Probleme des Zweiten Weltkrieges, S. 271–276. – Zum allgemeinen Verständnis grundlegend: G. F. Kennan, Memoiren eines Diplomaten. (Aus d. Amerik.) Stuttgart 1968; auch A. C. Wedemeyer, Der verwaltete Krieg. (Aus d. Amerik.) Gütersloh 1960.

15 The Memoirs of Cordell Hull. Bd. 1–2, New York 1948. S. 1265 ff.; The Eden Memoirs, Bd. 2, S. 411 ff.; Woodward, S. 244 ff.

16 Die Sowjetregierung und der österreichische Staatsvertrag 1943–1953. Hrsg. v. W. Markert. 2., erw. Fassung, Göttingen 1953. S. 1 ff.

17 Die Hauptaufgabe der „Europäischen Beratenden Kommission" war die Ausarbeitung von Entwürfen zur Deutschlandfrage, die den „Großen Drei" zur Entscheidung vorgelegt wurden. Hierzu: W. M. Franklin, Zonal Boundaries and Access to Berlin. In: World Politics. 1963/64, Nr. 1. S. 1–31; Ph. E. Mosely, The Occupation of Germany. New Light on How the Zones Were Drawn. In: Foreign Affairs. 1949/50, Nr. 4.

S. 580–604; ders., Die Friedenspläne der Alliierten und die Aufteilung Deutschlands. In: Europa-Archiv. 1950, Nr. 10. S. 3032–3042; B. H. M. Vlekke, De Grote Vier en Duitsland 1943–1952. In: Internationale Spectator. 1959. S. 381–446; W. Wagner, Besatzungszonen und Spaltung Deutschlands. In: Außenpolitik. 1954, Nr. 8. S. 496–508; B. Meissner, Die Vereinbarungen der Europäischen Beratenden Kommission über Deutschland von 1944/45. In: Internationales Recht und Diplomatie. 1970, Nr. 1. S. 9–21; H.-G. Kowalski, Die „European Advisory Commission" als Instrument alliierter Deutschlandplanung 1943–1945. In: Vierteljahrshefte für Zeitgeschichte. 1971, Nr. 3. S. 261–293; zusammenfassende Darstellung auf der Basis des Forschungsstandes bei E. Deuerlein, Deklamation oder Ersatzfrieden? Die Konferenz von Potsdam 1945. Stuttgart 1970. S. 50 ff.

18 Als „Antwort" auf die Edition der amerikanischen Dokumente zur Teheran-Konferenz in: Foreign Relations of the United States. Diplomatic Papers. The Conference at Cairo and Tehran 1943. Washington 1961, wurden sowjetische Dokumente in: Meždunarodnaja žizn'. 1961, Nr. 7. S. 176–190 und Nr. 8. S. 144–158, publiziert; in einer auf die Protokolle der Hauptsitzungen beschränkten Fassung wurden sie in den Band: Tegeran – Jalta – Potsdam. Sbornik dokumentov. Moskau 1967 (3., erw. Aufl., Moskau 1971), übernommen. Eine kritische deutsche Ausgabe nach der „Meždunarodnaja žizn'"-Fassung: Teheran-Jalta-Potsdam. Die sowjetischen Protokolle von den Kriegskonferenzen der „Großen Drei". Hrsg. u. eingel. v. A. Fischer. Köln 1968. – Zur sowjetischen Edition vgl. auch J. W. Brügel, Teheran, Jalta und Potsdam aus sowjetischer Sicht. In: Europa-Archiv. 1966, Beiträge und Berichte, Nr. 22. S. 803–810; als Erinnerung eines Dolmetschers: V. M. Bereshkow, Mit Stalin in Teheran. (Aus d. Russ.) Frankfurt a. M. 1968. – Zur britischen Seite Churchill, Bd. 5, S. 305 ff.; Woodward, S. 247 ff.; The Eden Memoirs, Bd. 2; The Memoirs of General the Lord Ismay. London 1960. – Allgemeine Darstellungen: M. Holch, Die Konferenz von Teheran 1943 und ihre Vorgeschichte seit Casablanca. Diss. phil. Köln 1967; G. Zieger, Die Teheran-Konferenz 1943. Hannover 1967; G. Kolko, The Politics of War. Allied Diplomacy and the World Crisis 1943–1945. London 1969; G. Hentsch, Staline négociateur. Neuchâtel 1967; H. Feis, Churchill, Roosevelt, and Stalin. Princeton 1957.

19 T. Polvinen, Finland i stormaktspolitiken 1941–1944. Stockholm 1969. S. 107 ff.

20 Rhode, Die politische Entwicklung Polens, S. 203 f.; J. Vizulis, The Diplomacy of the Allied Powers Toward the Baltic States (1942–1945). In:

The Baltic Review. 1968, Nr. 35. S. 49–61; J. L. Snell, Illusionen und Realpolitik. (Aus d. Amerk.) München 1966. S. 163–171.

21 Hierzu und für die weitere Entwicklung des Problems bis zum Kriegsende und darüber hinaus die Quellensammlung von G. Rhode u. W. Wagner: Quellen zur Entstehung der Oder-Neiße-Linie. Stuttgart 1956; B. Meissner, Rußland, die Westmächte und Deutschland. Hamburg 1953; H. G. Sasse, Die ostdeutsche Frage auf den Konferenzen von Teheran und Potsdam. In: Jahrbuch für die Geschichte Mittel- und Ostdeutschlands. Bd. 2, 1953. S. 211–282; E. Deuerlein, Die Einheit Deutschlands. Bd. 1, 2., durchges. u. erw. Aufl., Frankfurt a. M. 1961; W. Marienfeld, Konferenzen über Deutschland. Teil 1–2, Hannover 1962–1963; W. Vogel, Die Ursprünge der Teilung Deutschlands in der Kriegszielpolitik der Alliierten. In: Geschichte in Wissenschaft und Unterricht. 1967, Nr. 4. S. 193–212.

22 Die Zusage hinderte die sowjetische Regierung nicht daran, auf die verstärkten Bemühungen der japanischen Regierung einzugehen, um durch – bisher strikt abgelehnte – Zugeständnisse das Verhältnis zu Japan so weit wie möglich zu verbessern. Am 30. März 1944 unterzeichneten der stellvertretende Volkskommissar des Äußeren, S. A. Lozovskij, und Botschafter N. Sato in Moskau ein Protokoll über die Übergabe der japanischen Öl- und Kohlenkonzessionen in Nord-Sachalin und eine für die Sowjetunion günstige neue Vereinbarung über die Fischerei im Gebiet von Kamčatka und um das Kap Oljutorskij, die einen ungestörten Schiffsverkehr von den USA nach Sowjet-Fernost ermöglichte.

23 Vgl. die in Anm. 17 angegebenen Titel.

24 Captive Rumania. Hrsg. v. A. Cretzianu. New York 1956. S. 17 ff.; A. Cretzianu, The Rumanian Armistice Negotiations, Cairo 1944. In: Journal of Central European Affairs. Bd. 11, 1951/52, Nr. 3. S. 243–258; F. C. Nano, The First Soviet Double Cross. In: Journal of Central European Affairs. Bd. 12, 1952/53, Nr. 3. S. 236–258; Hillgruber, Hitler, König Carol und Marschall Antonescu, S. 194 ff.

25 Polvinen, Finland i stormaktspolitiken, S. 187 ff.; G. A. Gripenberg, En beskickningschefs minnen. Bd. 2: London – Vatikanen – Stockholm, Helsingfors 1960. S. 183 ff.; E. Boheman, På vakt. Kabinettssekreterare under andra världskriget. Stockholm 1964. S. 252 ff.

26 J. Ducoli, Soviet-Italian Relations: 1943–1963. In: Studies on the Soviet Union. Bd. 4, 1964, Nr. 1. S. 20–40; K. Duff, Italy. In: Survey of International Affairs, 1939–1946, Bd. 6: The Realignment of Europe. London 1955. S. 409 ff.; A. J. Rieber, Stalin and the French Communist Party 1941–1947. New York 1962; Churchill, Bd. 6, S. 63 ff.; The Memoirs of

Cordell Hull, S. 1458 ff.; Woodward, S. 291 ff.; St. G. Xydis, The Secret Anglo-Soviet Agreement on the Balkans of October 9, 1944. In: Journal of Central European Affairs. Bd. 15, 1955/56, Nr. 3. S. 248–271; H. Hekker, Die Aufteilung des Balkans zwischen Großbritannien und der Sowjetunion im Jahre 1944. In: Osteuropa. 1955, Nr. 4. S. 251–253; aus sowjetischer Sicht: I. Zemskov, O tak nazyvaemom „razdele" Jugoslavii na „sfery vlijanija". In: Meždunarodnaja žizn'. 1958, Nr. 8. S. 72–83.

7. Politische Konsequenzen der militärischen Erfolge der Roten Armee 1944

Der schnelle Erfolg der Sommeroffensive gegen die deutsche Heeresgruppe Mitte ab 22. Juni 1944 wurde für die Entwicklung an der gesamten sowjetisch-deutschen Front von der Ostsee bis nach Rumänien bestimmend.[1] Damit wurden politische Veränderungen in den Nachbarländern der Sowjetunion unausweichlich. Das führte zunächst zur Entscheidung des Problems *Polen* im sowjetischen Sinne.[2]

Am 22. Juli 1944 wurde in dem eben von sowjetischen Truppen eroberten Chełm westlich des Bug, also in dem auf Grund der Vereinbarung zwischen den „Großen Drei" in Teheran zum neuen Polen gehörenden Gebiet westlich der Curzon-Linie ein „Polnisches Komitee der Nationalen Befreiung" aus prosowjetischen Vertretern polnischer Linksparteien und -gruppen gebildet. Es siedelte am 25. Juli 1944 in die Woiwodschaftshauptstadt Lublin über und erhielt einen Teil des von der Roten Armee im Zuge ihres Vormarschs eroberten Gebiets zwischen dem Bug und der Weichsel als Verwaltungsbereich zugewiesen. Am 26. Juli 1944 unterzeichneten Molotov und der Vorsitzende des „Lublin-Komitees", E. Osóbka-Morawski, in Moskau ein Abkommen, wonach das Komitee von der Sowjetunion als einzige Repräsentation Polens anerkannt wurde. Marschall N. A. Bulganin wurde am 2. August 1944 zum akkreditierten Vertreter der Sowjetunion beim Komitee ernannt. Ein „Landesnationalrat" wählte am 9. September 1944 den Kommunisten B. Bierut zum Staatspräsidenten Polens.

Damit war, obwohl das Komitee noch nicht mit den Befugnissen einer provisorischen Regierung ausgestattet war, die Legitimation der polnischen Exilregierung in London nicht nur in Frage gestellt, sondern ihrer Rückkehr nach Polen nach der Befreiung ein Riegel vorgeschoben. Es hing von der Sowjetregierung ab, ob und mit welchen Auflagen sie einzelnen Mitgliedern der Exilregierung die Mitwirkung im Rahmen des als Kern einer neuen prosowjetischen Regierung Polens gedachten Komitees gestattete. Die Antwort der Exilregierung auf diese sowjetische Herausforderung fiel mit ihrer Reaktion auf den stürmischen Vormarsch der Roten Armee in Richtung Warschau zusammen: am 1. August 1944 löste sie den lange vorbereiteten Aufstand der polnischen „Heimatarmee" in der Hauptstadt gegen die Deutschen aus. Ein weithin sichtbarer Erfolg dieses Unternehmens hätte die sowjetische Polenpolitik mit einem „fait accompli" konfrontiert, nachdem die diplomatischen Bemühungen des Ministerpräsidenten Mikołajczyk, der sich am 20. Juli 1944 von London aus an Stalin mit der Bitte um eine Unterredung zwecks Klärung einer Mitwirkung seiner Regierung an der Gestaltung des neuen Polen gewandt hatte, vergeblich geblieben, vielmehr zwei Tage später mit der Gründung des Lublin-Komitees beantwortet worden waren.

Stalin zeigte sich jedoch auch und gerade unter dem Eindruck des *Warschauer Aufstandes,*[3] als er Mikołajczyk bei seinem Aufenthalt in Moskau nach viertägigem Warten am 3. August 1944 endlich empfing, zu einer Kursänderung nicht bereit. In einer ersten TASS-Erklärung zum Aufstand am 13. August 1944 lehnte die Sowjetunion jede Verbindung mit den Aufständischen ab. Die Rote Armee verhielt am Rande der Stadt östlich der Weichsel. Auch Appelle Churchills und Roosevelts, Landeplätze für britische und amerikanische Flugzeuge zur Unterstützung der Aufständischen zur Verfügung zu stellen, blieben bis zum 10. September 1944 ergebnislos, als die Entscheidung zuungunsten der Aufständischen faktisch schon gefallen war. Nach zweimonatigen, auf polnischer Seite verlustreichen Kämpfen wurde der Aufstand durch die Deutschen niedergeworfen (Kapitulation der Heimatarmee am 2. Oktober 1944). Damit war der größte Teil der nationalen Führungsschicht Polens, die sich einer Durchsetzung der Herrschaft des Lubliner Komitees im Lande hätte entgegenstellen können, beseitigt. Während Stalin seinem Ziel, Polen zu einem festen Bestandteil des sowjetischen Glacis und zur sicheren Brücke zu dem sowjetisch beherrschten Teil Deutschlands werden zu lassen, im Sommer 1944 gleichsam ohne eigenes Zutun ein erhebliches Stück näher gekommen war, führte im Norden und Südosten Europas eine Kombination von militärischem Erfolg und wendiger diplomatischer Taktik gegenüber den bisherigen deutschen Verbündeten zum Erfolg.

Die sowjetische Offensive gegen die finnische Front auf der Karelischen Landenge ab 9. Juni 1944 konnte mit deutscher Unterstützung noch einmal aufgefangen werden. Aber die deutsche Gesamt-

lage zwang die *finnische Führung* zur Einsicht in die Unabwendbar-
keit eines Arrangements mit der Sowjetunion. Nach dem
Präsidentenwechsel von R. Ryti zu C. C. Frhr. v. Mannerheim am
1. August 1944 wurde der Weg zur Wiederaufnahme der im April
1944 abgerissenen Kontakte zur Sowjetunion frei.[4]

Die sowjetischen Bedingungen für einen Waffenstillstand, die einen Abbruch der Beziehungen zu Deutschland und einen Abzug der deutschen
Truppen aus Finnland bis zum 15. September 1944 (andernfalls gewaltsame
Entwaffnung und Gefangennahme) vorsahen, wurden der neuen finnischen
Regierung (Ministerpräsident A. Hackzell, Außenminister C. Enckell) am
29. August 1944 übermittelt. Sie wurden vom finnischen Reichstag am
2.September 1944 akzeptiert. Der Waffenruhe am 4. September 1944 folgte
am 19. September 1944 die Unterzeichnung eines Waffenstillstandsabkom-
mens in Moskau (an dem von alliierter Seite nur Großbritannien beteiligt
war, da die USA im Juni 1944 zwar die diplomatischen Beziehungen zu
Finnland abgebrochen, aber nicht den Krieg erklärt hatten) durch
A. A. Ždanov, der zum Chef der sowjetischen Kontrollkommission in Finnland ernannt wurde, und C. Enckell. Das Abkommen setzte den Friedensvertrag vom 12. März 1940 wieder in Kraft, enthielt zusätzlich jedoch die
Abtretung des Gebiets von Petsamo sowie die Verpachtung des Territoriums
und der Gewässer um Porkkala-Udd in der Nähe von Helsinki (anstelle von
Hangö, auf das die Sowjetunion verzichtete). Statt der im April 1944 geforderten 600 Millionen Dollar Reparationen brauchte Finnland nur 300 Millionen Dollar zu zahlen. 60% der finnischen Lieferungen sollten in Erzeugnis-
sen der Metallindustrie erfolgen. Die Flugplätze an der Süd- und
Südwestküste Finnlands mußten einschließlich ihrer Ausrüstungen „für den
Zeitraum, der für die militärischen Operationen gegen die deutschen Truppen in Estland" und gegen die deutsche Flotte im Nordteil der Ostsee erfor-
derlich erschien, den sowjetischen Streitkräften übergeben werden. Die finnische Armee sollte auf den Friedensstand reduziert werden.

Als Auswirkung der unerfüllbaren sowjetischen Forderung auf
Rückzug oder Entwaffnung der in Nordfinnland noch starken deut-
schen Verbände bis zum 15. September 1944 begannen zwischen
Finnen und Deutschen Kampfhandlungen im Nordostzipfel des
Landes, die bis zum April 1945 fortdauerten. Die am 3. März 1945
ausgesprochene, rückwirkend auf den 15. September 1944 datierte
Kriegserklärung Finnlands gegen Deutschland machte schließlich
auch dieses Land wie alle bisherigen Verbündeten Deutschlands in

der letzten Kriegsphase zum De-facto-Alliierten der Sowjetunion. Allerdings mußte, auch im Blick auf die Westmächte und Schweden, die Bindung Finnlands, anders als in Südosteuropa, auf außenpolitische Mittel beschränkt bleiben.

Dafür hatte Sowjetrußland jedoch mit seiner Beteiligung an Norwegens Befreiung durch die Verfolgung deutscher Truppen auch auf norwegisches Territorium und die Besetzung des Gebiets von Kirkenes bis zum Tanafjord seine Macht in diesem Raum demonstriert und den Anspruch angemeldet, in der *Skandinavienpolitik* mitzusprechen.[5] Eine erste Auswirkung hiervon wurde in der Haltung Schwedens sichtbar, das 1941 zeitweilig seine korrekte Neutralitätspolitik zugunsten Deutschlands aufgegeben hatte. Nun machte es 1945 mit der Auslieferung von rd. 3000 geflüchteten deutschen Wehrmachtsangehörigen und baltischen Legionären Konzessionen an die Sowjetunion und zeigte sich bestrebt, langfristig zur strikten Neutralität zurückzukehren.

In Südosteuropa, wo *Rumänien* für die deutsche Kriegführung eine Schlüsselstellung einnahm, wurde mit der erfolgreichen Offensive ab 20. August 1944 die entscheidende Wende eingeleitet.[6] Sie brachte König Michael I. zu dem Entschluß, Marschall Antonescu zu stürzen (23. August 1944), an dem bis dahin alle sowjetischen Bemühungen gescheitert waren. Dem in der Nacht vom 23./24. August 1944 übermittelten Wunsch der neuen rumänischen Regierung unter General C. Sanatescu, einen sofortigen Waffenstillstand mit Rumänien auf der Basis des sowjetischen 6-Punkte-Vorschlags vom 12. April 1944 zuzustimmen und dabei die der Regierung Antonescu in den Stockholmer Geheimverhandlungen zugebilligten Erleichterungen mit zu berücksichtigen, stimmte K. V. Novikov, der sowjetische Vertreter bei den Geheimverhandlungen der drei Alliierten mit den rumänischen Emissären in Kairo, am 26. August 1944 zu. Stalin ließ jedoch den Abschluß eines Waffenstillstandsvertrags so lange hinauszögern, bis Bukarest von der Roten Armee besetzt (30. August 1944) und der größte Teil des Landes bis zur jugoslawischen Grenze am Eisernen Tor in der Hand der sowjetischen Streitkräfte war.

Der am 12. September 1944 in Moskau von Marschall R. Malinovskij (zugleich auch im Namen der britischen und amerikanischen Regierung) und von B. Stirbey unterzeichnete Waffenstillstandsvertrag verpflichtete Rumänien, „an der Seite der alliierten Mächte" um seine „Unabhängigkeit und Souveränität" weiter gegen Deutschland und Ungarn Krieg zu führen (die Regierung Sanatescu hatte bereits am 25. August bzw. 7. September 1944 Kriegserklärungen gegen Deutschland und Ungarn abgegeben) und dafür „mindestens 12 Infanteriedivisionen" zu stellen.

In der Beteiligung eines Vertreters der Kommunistischen Partei an der im wesentlichen aus Militärs bestehenden Regierung Sanatescu besaß die Sowjetunion eine Handhabe, um deren Kurs zu kontrollieren und gegebenenfalls durch Demonstrationen in die gewünschte Richtung zu lenken. Die hiermit begonnene Gleichschaltungspolitik, der allerdings vorerst kein voller Erfolg beschieden war, wurde mit der Umbildung des Kabinetts am 2. November 1944 und der Formierung einer neuen Regierung unter General Radescu am 2. Dezember 1944 fortgesetzt.

Komplizierter als im Falle Rumäniens waren die Vorbedingungen für eine volle Einbeziehung *Bulgariens* in den sowjetischen Machtbereich.[7] König Boris III. (gest. am 28. August 1943) und danach der für den minderjährigen König Simeon II. regierende Regentschaftsrat hatten die diplomatischen Beziehungen zur Sowjetunion den ganzen Krieg über aufrechterhalten. Andererseits war die deutsche Kriegführung indirekt auch gegen die Sowjetunion unterstützt worden, da sich Bulgarien seit dem 12. Dezember 1941 mit den USA und Großbritannien im Kriegszustand befand und nach dem deutschen Balkanfeldzug im Mai 1941 Teile Jugoslawiens und Griechenlands annektiert und weitere Gebiete besetzt hatte. Nun benutzte der Kreml die Schließung des sowjetischen Konsulats in Varna (das wie die Gesandtschaft in Sofia als Agitationszentrum galt) als Hebel, um durch Anklagen und Forderungen die bulgarische Regierung unter Druck zu setzen. Sofia konnte sich dem desto weniger entziehen, je näher die Rote Armee heranrückte.

Unter dem Eindruck der sich rapide verschlechternden Lage Deutschlands erklärte sich die Regierung unter Ministerpräsident I. Bagrjanov Ende Juli 1944 mit der am 26. April 1944 sowjetischerseits geforderten Wiedereinrichtung des Konsulats in Varna einverstanden. Gleichzeitig versuchte sie aber, in geheimen Verhandlungen mit Großbritannien und den USA in Ankara zu

einem Waffenstillstand zu gelangen, um der drohenden sowjetischen Besetzung des Landes mit einem Absprung aus dem Bündnis mit Deutschland zu-
vorzukommen. Am 30. August 1944 erklärte die bulgarische. Regierung ihre
„vollständige Neutralität", doch konnten auch die Übernahme der Regierung durch den prowestlich eingestellten K. Muraviev am 2. September 1944
und die Kündigung der bulgarischen Mitgliedschaft im Antikominternpakt
am folgenden Tag die sowjetische Kriegserklärung an Bulgarien am 5. September 1944 nicht mehr verhindern. Der Versuch, am Tage des sowjetischen
Einmarsches (8. September 1944) durch eine Kriegserklärung an Deutschland wenigstens eine Besetzung des ganzen Landes durch die Rote Armee
abzuwenden, blieb ebenfalls ohne Auswirkung.

In der Nacht vom 8./9. September 1944 brachte ein kommunistisch geführter Putsch eine Regierung der „Vaterländischen Front"
unter K. Georgiev ans Ruder, deren prosowjetische Orientierung
den weiteren Verlauf der Politik in Bulgarien im Sinne der Konzeption Stalins garantierte. Der sowjetische Versuch, diese günstige Situation ausnutzend, mit einer gemeinsamen Besetzung des 1941 von
Bulgarien annektierten griechischen Westthrazien auf Kosten des
westlichen Einflußbereichs in Südosteuropa das nunmehr unter sowjetischer Kontrolle stehende „Großbulgarien" zu erhalten und
durch den Vorstoß der Roten Armee bis zur Nordküste des Ägä-
ischen Meeres die Dardanellen strategisch zu umklammern, scheiterte allerdings. Die Repräsentanten der USA und Großbritanniens
in der Europäischen Beratenden Kommission in London wiesen einen entsprechenden Antrag des sowjetischen Vertreters Gusev ab,
und Stalin erklärte sich in den Moskauer Verhandlungen mit Churchill am 11. Oktober 1944 schließlich mit dem Rückzug der bulgarischen Truppen aus den besetzten Gebieten Jugoslawiens und Griechenlands einverstanden, der am 25. Oktober 1944 in Nordgrie-
chenland beendet war. Nun erst konnte der Waffenstillstand der drei
Hauptalliierten mit Bulgarien am 28. Oktober 1944 in Moskau unterzeichnet werden.

Er verpflichtete die bulgarische Regierung, ihre „Land-, Marine- und
Luftstreitkräfte zur Dienstleistung unter dem alliierten Oberkommando"
dem sowjetischen Kommando zur Verfügung zu stellen. Der Umfang der an
Jugoslawien und Griechenland zu zahlenden Reparationen sollte später festgelegt werden. – Bis zum Kriegsende im Mai 1945 beteiligte sich die neu auf-

gestellte 1. bulgarische Armee zur Entlastung der Roten Armee an den Kämpfen in Jugoslawien und Ungarn.

Im Gegensatz zu Rumänien und Bulgarien vollzog sich der Frontwechsel *Ungarns*[8] im Sinne der sowjetischen Zielsetzung nicht mit dem angestrebten schnellen Effekt. Die Weigerung der westlichen Alliierten, mit ungarischen Emissären in Gespräche über einen Separatfrieden einzutreten, hatte angesichts des Vordringens der Roten Armee in Siebenbürgen Reichsverweser N. v. Horthy dazu veranlaßt, am 28. September 1944 eine Verhandlungsdelegation unter General Faraghó nach Moskau zu entsenden. Sie unterzeichnete dort am 11. Oktober 1944 „Präliminarien" zu einem sowjetisch-ungarischen Waffenstillstand, die den Rückzug aller ungarischen Truppen aus den seit 1938 annektierten und besetzten Gebieten, eine Unterstellung der ungarischen Regierung unter eine interalliierte Kommission unter sowjetischer Leitung und die Kriegserklärung an Deutschland vorsahen. Die daraufhin von Horthy am 15. Oktober 1944 in einer Rundfunkproklamation versuchte Abwendung von Deutschland bewirkte die deutsche Besetzung Budapests, die Internierung des Reichsverwesers und die Einsetzung des Führers der „Pfeilkreuzler", F. Szálasi, zum „Führer der Nation". Mit Ausnahme weniger Überläufer setzte die ungarische Armee den Kampf auf deutscher Seite fort. Erst nach der Besetzung großer Teile Ostungarns konnte von sowjetischer Seite am 7. Dezember 1944 in Debrecen unter dem früheren Oberbefehlshaber der 1. ungarischen Armee, B. Miklós v. Dálnoki, eine im wesentlichen aus Linksliberalen bestehende Gegenregierung eingesetzt werden, mit der die Sowjetunion und die Westmächte am 20. Januar 1945 in Moskau einen Waffenstillstand abschlossen. Sie hatte Deutschland bereits am 31. Dezember 1944 den Krieg erklärt. Eine nennenswerte Unterstützung ihrer Kriegführung fand die Sowjetunion in Ungarn jedoch nicht, zumal die Rote Armee erst am 13. Februar 1945 nach über sechswöchiger Belagerung Budapest vollständig in Besitz nehmen konnte.

Auch die Entwicklung in *Jugoslawien*[9] entsprach nicht ganz dem sowjetischen Interesse. Die eigenwillige Politik Titos hatte die sowjetische Position gegenüber den Westmächten wiederholt belastet und das Mißtrauen Stalins geweckt. Die Einigung der „Großen Drei" in Teheran, Tito anzuerkennen, hatte jedoch zu einer Minderung der Spannungen beigetragen, und die Entsendung einer sowjetischen Militärmission in Titos Hauptquartier am 23. Februar 1944 zeigte die beginnende Intensivierung der Beziehungen an. Ihr waren allerdings dadurch Grenzen gezogen, daß durch die Absprachen der drei Hauptalliierten vom 15. Mai/12. Juni 1944 über die Operationszonen in Südosteuropa Jugoslawien in den britischen Aktionsraum fiel.

Tito war demgegenüber gewillt, ebensowenig eine Einflußnahme der westlichen Verbündeten zuzulassen, wie sich der Balkanpolitik Moskaus unterzuordnen. Auf einer Zusammenkunft mit dem Ministerpräsidenten der jugoslawischen Exilregierung in London, I. Šubašić, auf der Insel Viš am 16. Juni wurde eine vage Zusammenarbeit vereinbart. Der Führer der jugoslawischen Partisanen ließ sich durch diese Konzession an seine britischen Verbündeten jedoch nicht in der Verfolgung seines Zieles beirren, den Kommunisten die Alleinherrschaft in Jugoslawien zu erkämpfen. Auf der anderen Seite erreichte er bei seinem Besuch in Moskau am 21. September, daß Stalin die Selbständigkeit des jugoslawischen Oberkommandos für die zur Eroberung Belgrads vorgesehene gemeinsame Operation zugestand. Das sowjetische Operationsgebiet in Jugoslawien wurde auf den nordöstlichen Teil Serbiens begrenzt. Jedoch wurde selbst diese geringe militärische Berührung zu einer politischen Belastung, als die Übergriffe sowjetischen Militärs zu neuerlichen Friktionen Anlaß gaben. Sie fanden im Verhalten Stalins gegenüber Titos Abgesandten unmittelbaren Ausdruck.

Stalins Mißtrauen gegen jede noch so prosowjetische Eigentätigkeit kommunistischer oder sozialistischer Kräfte im anvisierten sowjetischen Herrschaftsbereich zeigte sich auch in seiner Haltung gegenüber dem *slowakischen Nationalaufstand* ab 29. August 1944.[10] Wohl hatten sowjetische Partisanen bei seiner Vorbereitung und Auslösung mitgewirkt, doch ging die Erhebung rasch über das sowjetische Ziel einer bloßen Störung der deutschen Verbindungswege hinaus. Die überraschende Breite der Bewegung und die Bedeutung der regulären slowakischen Armee gaben demgegenüber den Zielen des slowakischen Nationalrats in Banská Bystrica das größere Gewicht, der die Wiedererrichtung der Tschechoslowakei aus eigener Kraft und die Stärkung der slowakischen Position anstrebte. Angesichts dieser stark divergierenden Zielsetzungen kann es nicht allein mit militärischen Gründen erklärt werden, daß die Rote Armee am Dukla-Paß hielt und die Erhebung auch auf dem Luftweg nur unzulänglich unterstützte. Erst kurz vor der endgültigen Niederschlagung des Aufstands in der Mittelslowakei drang die Rote Armee vom 18. Oktober an in die Karpato-Ukraine ein. Entgegen den Absprachen mit der tschechoslowakischen Exilregierung vom 8. Mai 1944 lehnte es die sowjetische Regierung ab, dem nach Chust, der Hauptstadt dieses Landesteiles, entsandten Minister F. Němec die Zivilverwaltung des Gebiets zu übertragen. Statt dessen wurde eine Propagandakampagne zum Anschluß an die Ukranische SSR inszeniert, die der faktisch von Anfang an betriebenen und im Juni 1945 vertraglich fixierten Eingliederung des Gebietes in den sowjetischen Staatsverband den Weg bereitete.

Die Inbesitznahme eines großen Teils der als Glacis betrachteten ostmitteleuropäischen Territorien durch die Rote Armee im Spätsommer 1944 hatte die sowjetische Position gegenüber den USA und Großbritannien außerordentlich verbessert. Auch in der Vereinbarung der Alliierten über die Schaffung einer „*Organisation der Vereinten Nationen*", die von Roosevelt als Hauptziel seiner Politik betrachtet wurde, konnte jetzt Stalin weitgehend seine Vorstellungen durchsetzen.[11] Der sowjetische Vertreter in den Verhandlungen in Dumbarton Oaks (bei Washington) vom 22. August bis 28. September 1944, A. A. Gromyko, beharrte auf einer extensiven Interpretation des Vetorechts der Großmächte im Weltsicherheitsrat, dem wichtigsten Exekutivgremium der neuen Organisation: im Gegensatz zur amerikanischen Konzeption sollte es auch für Fragen gelten, „die unmittelbar eines dieser Länder angehen". Mit anderen Worten: die Sowjetunion wollte jeden gegen die Interessen der Sowjetunion gerichteten Beschluß des Weltsicherheitsrats vereiteln und ihn als Werkzeug einer gegen die UdSSR gerichteten Einheitsfront unbrauchbar machen. Gleichfalls unter diesem Gesichtspunkt und um die Position seines Landes zu stärken, forderte Stalin die Aufnahme der Ukraine und Weißrußlands als selbständige Mitglieder der Vereinten Nationen. Die übrigen drei Mächte widersetzten sich dieser Forderung. Sie mußten es hinnehmen, daß die am 1. Oktober 1944 unterzeichnete Vereinbarung den Rahmen der künftigen Weltorganisation nur sehr lückenhaft absteckte.

Da der Ablauf des dreimonatigen Abkommens über die *Operationszonen in Südosteuropa* im Zusammenhang mit dem Vordringen der Roten Armee eine Erneuerung oder Erweiterung dieser Vereinbarung dem britischen Premier vor allem im Hinblick auf Griechenland dringend notwendig erscheinen ließ, entschloß er sich zu einem Gespräch mit Stalin in Moskau.[12] Die Präsidentschaftswahlen in den USA erlaubten eine Anwesenheit Roosevelts nicht, daher sollte der amerikanische Botschafter W. A. Harriman als Beobachter an dem Gespräch teilnehmen. In der ersten Besprechung am 9. Oktober stimmte Stalin der Anregung seines britischen Gesprächspartners zu, statt der bisher geübten Festlegung getrennter militärischer Operationszonen den Grad des Einflusses zu bestimmen, den die Sowjetunion und die beiden Westmächte in den südosteuropäischen Ländern künftig ausüben sollten. Auch die von Churchill vorgeschlagene Bemessung des Einflusses nach Prozenten fand die Zustimmung des sowjetischen Regierungschefs: sowjetischer Einfluß in Rumänien 90%, in Bulgarien 75%, in Jugoslawien und Ungarn, das erstmals miteinbezogen wurde, 50%; in Griechenland sollte der britische Einfluß 90% betragen. Diese Vereinbarung wurde in einer Unterredung zwischen Molotov und Eden am 10. Oktober hinsichtlich Bulgariens und Ungarns auf 80% sowjetischen Einflusses modifiziert, nachdem die sowjetische Zusage zu einer direkten Mitwirkung britischer und amerikanischer Vertreter an der Kontrolle über die betreffenden Länder erfolgt war.

Den größten Teil der Diskussionen auf dieser Moskauer Konferenz (9. bis 18. Oktober 1944) nahm die *polnische Frage* ein, zu der der Ministerpräsident der Exilregierung, Mikołajczyk, mit nach Moskau gekommen war. Die Kapitulation der polnischen Heimatarmee am 2. Oktober 1944 hatte die sowjetische Position weiter verbessert. Stalin und Molotov forderten daher von Mikołajczyk die bedingungslose Anerkennung der Curzon-Linie als künftige polnische Ostgrenze. Der zur Beratung hinzugezogene Staatspräsident des Lublin-Komitees, Bierut, verlangte darüber hinaus die Bildung einer neuen polnischen Regierung, in der die Vertreter des Lublin-Komitees überwiegen sollten. Die Ablehnung beider Forderungen durch Mikołajczyk führte dazu, daß die polnische Frage und vor allem ihr entscheidender Aspekt, die künftige soziale und politische Ordnung des Landes, zwischen den alliierten Hauptmächten weiter in der Schwebe blieb. Stalin ging allerdings – trotz einer Bitte Roosevelts, vor dem in Aussicht genommenen neuen Treffen der „Großen Drei" auf „faits accomplis" in der polnischen Frage zu verzichten – einen Schritt weiter, als er am 31. Dezember 1944 das Lublin-Komitee zur Provisorischen Regierung Polens umbilden und am 5. Januar 1945 von der Sowjetregierung anerkennen ließ. (Die Anerkennung der tschechoslowakischen Exilregierung folgte am 31. Januar 1945, nachdem die polnische Provisorische Regierung unmittelbar nach der Einnahme Warschaus durch die Rote Armee [17. Januar 1945] in die fast völlig zerstörte Hauptstadt übergesiedelt war).

Die *Einschaltung de Gaulles* in die „Große Politik" bot Stalin eine Möglichkeit, auf die USA und vor allem auf Großbritannien Druck auszuüben, um die polnische Frage in seinem Sinne endgültig zu lösen.[13] Solange der General nur Führer der „Freien Franzosen" und Chef des „Nationalkomitees" in Algier gewesen war, hatte ihn der Kreml keiner größeren Aufmerksamkeit gewürdigt, da von sowjetischer Seite an die Wiederherstellung einer französischen Großmachtposition in Europa, die nicht im Interesse der USA und Großbritanniens liegen konnte, nicht geglaubt wurde. Nach der Befreiung Frankreichs im August 1944 hatte sich de Gaulle jedoch gegenüber den Ansprüchen des kommunistischen Flügels der Resistance-Bewegung durchgesetzt, der eine beherrschende Rolle in Frankreich anstrebte. Damit hatte sich die Provisorische Regierung zugleich im Innern Autorität verschafft und außenpolitische Distanz zu den angelsächsischen Mächten zu erreichen vermocht, so daß de Gaulle als eigenständiger Faktor in der sowjetischen Europapolitik ins Spiel gebracht werden konnte. Auf Stalins Einladung weilten de Gaulle und sein Außenminister G. Bidault vom 2.–10. Dezember 1944 in Moskau. Der von Stalin als künftige Westgrenze Polens bezeichneten Linie an Oder und Neiße stimmte de Gaulle zu, obwohl sich Stalin seinerseits zu keiner Zusage hinsichtlich der Rhein-Linie als der künftigen französischen Ostgrenze bereit fand. Es lag nicht im sowjetischen Interesse, wichtige westdeutsche Gebiete aus der interalliierten Kontrolle herauszulösen. De Gaulle wiederum lehnte die

Anerkennung des Lublin-Komitees als polnische Regierung ab. Hauptzweck der Einladung war in sowjetischer Sicht der Abschluß eines sowjetisch-französischen Bündnisvertrags. Die Einschaltung Churchills, der einen Dreierpakt unter Einschluß Großbritanniens wünschte, lehnte de Gaulle ab, so daß Stalin gar nicht erst Stellung zu nehmen brauchte. Der von Molotov und Bidault am 10. Dezember 1944 unterzeichnete *Bündnis- und Beistandspakt*, der wie der sowjetisch-britische Bündnisvertrag vom 26. Mai 1942 auf 20 Jahre geschlossen wurde, sollte die gemeinsame Kriegführung und vor allem eine enge Zusammenarbeit beider Staaten nach Kriegsende sichern. Er enthielt die gegenseitige Verpflichtung, „nach Beendigung des Konflikts mit Deutschland gemeinsam alle erforderlichen Maßnahmen zu treffen, um eine neue Bedrohung von seiten Deutschlands zu verhindern und jeder Art Initiative zu einem neuen deutschen Angriffsversuch den Weg zu sperren". Im Falle der Verwicklung einer Macht in Feindseligkeiten mit Deutschland, sollte ihr die andere „sofort jede in ihrer Macht liegende Unterstützung und Hilfe bringen". In Stalins Sicht ließ sich dieser Vertrag als ein Instrument gegen eine unerwünschte amerikanische oder britische Politik in der Deutschlandfrage verwenden, da er die außenpolitische Bewegungsfreiheit de Gaulles gegenüber den beiden angelsächsischen Mächten vergrößerte.

Hinsichtlich der Deutschlandfrage waren die Vertreter der drei Hauptalliierten in.der *Europäischen Beratenden Kommission* seit dem Sommer 1944 einige Schritte vorwärts gekommen.[14] Am 25. Juli 1944 hatten sie einen Bericht der Kommission an die drei Regierungen übersandt, der den Entwurf der Urkunde für eine bedingungslose Kapitulation Deutschlands enthielt. Am 12. September unterzeichneten sie das substantiell schon im Januar–Februar 1944 vereinbarte „Protokoll betreffend die Besatzungszonen in Deutschland und die Verwaltung von Groß-Berlin". Schließlich einigten sie sich am 14. November auf ein „Abkommen über die Kontrolleinrichtungen in Deutschland". Alle drei Dokumente mußten auf der in Aussicht genommenen Konferenz der „Großen Drei" noch bestätigt oder konnten modifiziert werden. Die Einigung bestand im wesentlichen in der Festlegung der Grenzen zwischen der sowjetischen und den westlichen Besatzungszonen, dem Sonderstatus des nicht der sowjetischen Besatzungszone zugeordneten, sondern durch Truppen aller drei Großmächte besetzten Groß-Berlin und der Richtlinienkompetenz eines Alliierten Kontrollrats in Berlin, die generell für ganz Deutschland gelten sollte, im Falle von unüberbrückbaren Gegensätzen jedoch jedem Oberbefehlshaber in seiner Besatzungszone das Recht zu eigenen Maßnahmen nach Weisung seiner Regierung einräumte. Damit war auch in Fragen der Deutschlandpolitik gleichsam ein Vetorecht eingeführt, das, falls sich die Entwicklung in ganz Deutschland nicht nach sowjetischen Vorstellungen vorantreiben ließ, eine Eigenentwicklung der sowjetischen Besatzungszone Deutschlands zuließ. Zur künftigen deutschen Ostgrenze war in der Europäischen Beratenden Kommission nicht Stellung bezogen worden. Alle Vereinbarungen gingen von dem Reichsgebiet vom 31. Dezember 1937 aus.

Zieht man die Bilanz der weltpolitischen Situation am Ende des Jahres 1944 aus der Sicht Stalins, dann war in der Auseinandersetzung mit den Westmächten über den sowjetischen Glacis-Raum als wichtigstes, noch nicht ganz im eigenen Sinne gelöstes Problem Polen übrig geblieben. Ferner bestand noch ein gewisser Einfluß der Westmächte in den Staaten Südosteuropas, der sich nur durch eine Ausschaltung der westlich orientierten Parteien und Gruppen aus Regierung und Öffentlichkeit dieser Länder in dem gewünschten Maße beseitigen ließ. Die Zurückhaltung der sowjetischen Politik und Publizistik beim Aufstand der griechischen Kommunisten gegen die Regierung in Athen ab 2. Dezember 1944 und bei seiner Abwehr durch das aktive Eingreifen britischer Truppen (am 11. Januar 1945 Waffenstillstand, am 12. Februar 1945 Friedensschluß zwischen der Regierung und den Aufständischen) sollte nach Stalins Auffassung zugleich als Muster eines korrekten Verhaltens gegenüber ähnlichen Vorkommnissen im jeweiligen Herrschaftsbereich der Großmächte verstanden werden.[15]

120

Anmerkungen

1 K. A. Malan'in, Razgrom vraga v Belorussii (1944 god). Moskau 1961;
Geschichte des Großen Vaterländischen Krieges der Sowjetunion. Bd. 4,
Berlin 1965. S. 173 ff.; H. Gackenholz, Der Zusammenbruch der Heeres-
gruppe Mitte 1944. In: Entscheidungsschlachten des Zweiten Weltkrie-
ges. Hrsg. v. H.-A. Jacobsen u. J. Rohwer. Frankfurt a. M. 1960.
S. 445–478.

2 Rhode, Die politische Entwicklung Polens, S. 209 ff.

3 H. v. Krannhals, Der Warschauer Aufstand 1944. 2. Aufl., Frankfurt
a. M. 1964; A. Korbonski, The Warsaw Uprising Revisited. In: Survey.
1970, Nr. 76. S. 82–98; G. Hudson, The Warsaw Uprising: Another
View. In: Survey. 1970, Nr. 77. S. 188–194; A. Korbonski, A Rejoinder.
In: Survey. 1970, Nr. 77. S. 195–198. – Aus polnisch-kommunistischer
Sicht: J. Kirchmayer, Powstanie warszawskie. Warszawa 1959;
L. M. Bartelski, Powstanie warszawskie. Warszawa 1965.

4 Polvinen, Finland i stormaktspolitiken, S. 221 ff.; Gripenberg, London –
Vatikanen – Stockholm, S. 245 ff.; Mannerheim, Minnen, Bd. 2, 338 ff.;
E. Heinrichs, Mannerheimgestalten. Bd. 2: Marskalken av Finland. Helsingfors 1959. S. 339 ff.; V. Tanner, Vägen till fred 1943–1944. Helsingfors 1952. S. 83 ff. und S. 199 ff. Die Protokolle der Waffenstillstandsver-
handlungen jetzt publiziert von T. Palm, The Finnish-Soviet Armistice
Negotiations of 1944. Stockholm 1971.

5 W. v. Harpe, Die Sowjetunion, Finnland und Skandinavien 1945–1955.
Tübingen 1956.

6 N. I. Lebedev, Rumynija v gody vtoroj mirovoj vojny. Moskau 1961;
ders., Padenie diktatury Antonescu. Moskau 1966; W. A. Mazulenko,
Die Zerschlagung der Heeresgruppe Südukraine, August–September
1944. Berlin 1959; Hillgruber, Hitler, König Carol und Marschall Antonescu, S. 209 ff.; H. Kissel, Die Katastrophe in Rumänien 1944. Darmstadt 1964; allgemein zu den Vorgängen auf dem Balkan M. M. Minasjan,
Osvoboždenie narodov Jugo-Vostočnoj Evropy. Moskau 1967.

7 Sovetsko-bolgarskie otnošenija 1944–1948 gg. Dokumenty i materialy.
Moskau 1969; V. Božinov, Političeskata kriza v Bvulgarija prez
1943–1944. Sofia 1957; P. Gosztony, Der Krieg zwischen Bulgarien und
Deutschland 1944/45. In: Wehrwissenschaftliche Rundschau. 1967,
Nr. 1. S. 22–38, Nr. 2. S. 89–99. Nr. 3. S. 163–176; Otečestvenata vojna na
Bvulgarija 1944–1945. Bd. 1–3, Sofia 1961–1966.

8 Sovetsko-vengerskie otnošenija 1945–1948 gg. Dokumenty i materialy.

Moskau 1969. – Aus sowjetischer Sicht: A. I. Puškaš, Vengrija v gody vtoroj mirovoj vojny. Moskau 1966; aus nichtkommunistischer Sicht: C. A. Macartney, October Fifteenth. Bd. 2, 2. Aufl., Edinburgh 1961. S. 375 ff.; ders., Ungarns Weg aus dem Zweiten Weltkrieg. In: Vierteljahrshefte für Zeitgeschichte. 1966, Nr. 1. S. 79–103; G. Hennyey, Ungarns Weg aus dem Zweiten Weltkrieg. In: Wehrwissenschaftliche Rundschau. 1962, Nr. 12. S. 687–719; St. D. Kertesz, Diplomacy in a Whirlpool. Notre Dame, Ind. 1953.

9 Aus sowjetischer Sicht: Iz istorii sovetsko-jugoslaväkich otnošenij v period vtoroj mirovoj vojny. In: Meždunarodnaja žizn'. 1958, Nr. 8. S. 154–157; V. V. Zelenin, Sovetsko-jugoslavskoe boevoe sodružestvo v gody vtoroj mirovoj vojny. In: Voprosy istorii. 1965, Nr. 9. S. 25–35; dagegen: Matl, Jugoslawien im Zweiten Weltkrieg, S. 117 ff.; M. Djilas, Gespräche mit Stalin. (Aus d. Amerik.) Frankfurt a. M. 1962.

10 Sowjetische Darstellung in: Geschichte des Großen Vaterländischen Krieges der Sowjetunion, Bd. 4, S. 353 ff.; slowakische Darstellungen: G. Husak, Svedectvo o slovenskom národnom povstaní. Bratislava 1964; Slovonské narodné povstanie. Dokumenty. Hrsg. v. V. Prečan. Bratislava 1966. – Neueste westliche Darstellung: W. Venohr, Aufstand für die Tschechoslowakei. Hamburg 1969. – Zusammenstellung der älteren Literatur: M. Schwartz, Bibliographie zur Geschichte des slowakischen Aufstandes 1944. In: Bücherschau der Weltkriegsbücherei. 1956, S. 458–472.

11 Postwar Foreign Policy Preparation, 1939–1945. Hrsg. v. H. Notter. Washington 1949; A. Dallin, Sowjetunion und Vereinte Nationen. Köln 1965; F. C. Pogue, The Big Three and the United Nations. In: The Meaning of Yalta. Hrsg. v. J. L. Snell. Baton Rouge 1956. S. 167 ff.; A. Vandenbosch, W. N. Hogan, The United Nations: Background, Organization, Functions, Activities. New York 1952; vgl. auch die Memoiren von V. M. Berežkov, Gody diplomatičeskoj služby. Moskau 1972. S. 225 ff.

12 Woodward, S. 306 ff.; Churchill, Bd. 4, S. 186 ff.; A. Bryant, Sieg im Westen (1943–1946). Düsseldorf 1960. S. 294 ff.

13 De Gaulle, Mémoires de la guerre, Bd. 3; A. J. Rieber, Stalin and the French Communist Party 1941–1947. New York 1962; M. Mourin, Les relations franco-soviétiques. Paris 1967; A. W. de Porte, De Gaulle's Foreign Policy 1944–1946. Cambridge, Mass. 1968; Sovetsko-francuzskie otnošenija vo vremja Velikoj Otečestvennoj vojny 1941–1945 gg. Moskau 1959; N. N. Molčanov, Vnešnjaja politika Francii 1944–1954. Moskau 1959; Germanskij vopros v sovetsko-francuzskich otnošenijach vo vremja Velikoj Otečestvennoj vojny 1941–1945 gg. In: Meždunarodnaja žizn'. 1959, Nr. 4. Beilage.

14 Dokumente hierzu in: Die Konferenzen von Malta und Jalta. Dokumente vom 17. Juli 1944 bis 3. Juni 1945. Düsseldorf 1956. S. 104 ff.
15 St. G. Xydis, Greece and the Great Powers 1944–1947. Thessaloniki
   1963; allgemein W. H. McNeill, Greece 1944–1946. In: Survey of International Affairs, 1939–1946. Bd. 6: The Realignment of Europe. London
   1955. S. 389 ff.; D. Kousoulas, The Price of Freedom: Greece in World
   Affairs, 1939–1953. Syracuse, N. Y. 1953.

8. Pläne zur Friedensordnung in der Schlußphase des Krieges: Die Konferenzen von Jalta und Potsdam

Die überaus erfolgreiche Offensive der Roten Armee, die am 12. Januar 1945 an der Weichsel begann und in wenigen Wochen bis zur Oder bei Küstrin vordrang, so daß Berlin nur noch 50 km vor der Front lag, ließ einen baldigen Abschluß des Krieges in Europa erwarten.[1] Die Sowjetunion gewann damit, von der Kriegführung zunehmend entlastet, volle außenpolitische Handlungsfreiheit. Demgegenüber schien trotz allen Erfolgen der Amerikaner auf dem pazifischen Kriegsschauplatz ein Ende des Krieges gegen Japan noch in weiter Ferne, zumal die Japaner durch erfolgreiche Vorstöße weit nach China hinein ihre Position auf dem Festland im Lauf des Jahres 1944 gefestigt hatten. Die USA blieben somit weiterhin durch die Kriegführung auf dem einen großen Schauplatz außenpolitisch gehemmt. In dieser Situation konnte sich die sowjetische Führung für den erwünschten und von Stalin schon im Oktober 1943 prinzipiell zugesagten Kriegseintritt gegen Japan von den USA einen hohen politischen Preis zahlen lassen. Er sollte nicht nur in Zugeständnissen in Ostasien, sondern auch in Europa und hinsichtlich der Struktur der Organisation der Vereinten Nationen bestehen.

Die günstige Verhandlungsposition wurde von Stalin auf der *Konferenz* der „Großen Drei" in *Jalta* auf der Krim (4.–11. Februar 1945)[2] voll ausgeschöpft, um eine möglichst weiträumige strategische Sicherung der Sowjetunion gegenüber den angelsächsischen Mächten zu erreichen und die durch den Kriegsverlauf errungene weltpolitische Stellung der Sowjetunion weiter auszubauen. Die sozialrevolutionäre Umgestaltung, die in Etappen vorgenommen und nicht in allen eroberten Ländern gleichzeitig vollzogen wurde, hatte dabei eine wichtige ergänzende Funktion. Stalin formulierte seine Vorstellungen gegenüber Titos Stellvertreter, M. Djilas, während des Aufenthalts einer jugoslawischen Delegation in Moskau im April 1945: „Dieser Krieg ist nicht wie in der Vergangenheit; wer immer ein Gebiet besetzt, erlegt ihm auch sein eigenes gesellschaftliches System auf. Jeder führt sein eigenes System ein, soweit seine Armee vordringen kann. Es kann gar nicht anders sein."

Stalin konnte davon ausgehen, daß Roosevelt die Zusammenarbeit mit der Sowjetunion als Angelpunkt seiner gesamten Politik betrachtete. Der Präsident befand sich dabei im Gegensatz zu immer stärker werdenden Kräften selbst innerhalb seiner Administration, die es zur Wahrung der amerikanischen Prinzipien auf eine Konfrontation mit der Sowjetunion ankommen lassen wollten. Er konnte ferner damit rechnen, daß der amerikanische Präsident sein ganzes Prestige aufs Spiel setzen würde, um auf der voraussichtlich letzten Kriegskonferenz der „Großen Drei" zu einer Einigung mit Stalin über die noch offenen Fragen der Organisation der Vereinten Nationen zu gelangen.

In der Tat machte die amerikanische Seite in der *Frage des Vetorechts* das entscheidende Zugeständnis. In allen Konfliktfällen der Nachkriegszeit, zu deren Lösung neben politischen und wirtschaftlichen Sanktionen auch militärische Maßnahmen notwendig würden, sollte das Veto der Großmächte im Sicherheitsrat auch dann gelten, wenn diese an dem Konflikt unmittelbar beteiligt wären. In Fällen, in denen zur Lösung nur friedliche Mittel in Aussicht genommen würden, sollte sich die betroffene Großmacht der Stimme enthalten. Damit hatte Stalin die Wirksamkeit einer Einheitsfront der übrigen Staaten gegen die Sowjetunion im Rahmen der Vereinten Nationen ausgeschlossen. Die Gefahr, daß der Sicherheitsrat der Vereinten Nationen zum Instrument einer antisowjetischen Politik würde, war gebannt. Auch hinsichtlich der in Dumbarton Oaks noch umstrittenen sowjetischen Forderung nach eigener Mitgliedschaft für die ukrainische und weißrussische Sowjetrepublik erreichte Stalin sein Ziel. Nur die noch zusätzlich geforderte Mitgliedschaft für die Litauische SSR wurde abgelehnt. Für die Zukunft war durch die drei Stimmen für die UdSSR und durch die weiteren der mit ihr zusammengehenden Länder des sowjetischen Machtbereichs eine immerhin beachtenswerte Stellung des Sowjetblocks in der Weltorganisation sichergestellt, auch wenn vorerst die USA mit den westeuropäischen und lateinamerikanischen Staaten ein klares Übergewicht behielten.

Verglichen mit diesen für die künftige Weltpolitik grundlegenden

Konzessionen Roosevelts fielen seine Zugeständnisse in *Ostasien* weniger ins Gewicht. Mit ihnen wurde die Zusage Stalins erreicht, „daß innerhalb von zwei oder drei Monaten nach der Kapitulation Deutschlands und der Einstellung der Feindseligkeiten in Europa die Sowjetunion auf der Seite der Alliierten in den Krieg gegen Japan eintreten soll".

In einem Geheimabkommen vom 11. Februar 1945 erkannten die USA und Großbritannien an, daß der Status der Mongolischen Volksrepublik erhalten bleiben und im übrigen die Rechte Rußlands gegenüber China aus der Zeit vor dem russisch-japanischen Krieg von 1904/05 wiederhergestellt werden sollten. Dies schloß die Rückgabe von Südsachalin, die Internationalisierung des Hafens von Dairen und die Verpachtung des Flottenstützpunktes von Port Arthur an der Südspitze der Halbinsel Liao-tung sowie der Verwaltung der chinesischen Ostbahn und der südmandschurischen Eisenbahn durch eine neu zu errichtende sowjetisch-chinesische Gesellschaft ein, „wobei die vorherrschenden sowjetischen Interessen sichergestellt werden und China volle Souveränität in der Mandschurei zurückerhält". Außerdem sollte Japan die Kurilen die Sowjetunion abtreten. Präsident Roosevelt verpflichtete sich, „auf Anraten von Marschall Stalin" die Zustimmung Chiang Kai-sheks zu der Regelung hinsichtlich der mandschurischen Häfen und Eisenbahnen zu erwirken. Stalin seinerseits erklärte sich zum Abschluß eines Freundschafts- und Bündnisvertrags mit der Regierung Chiang Kai-shek bereit.

Wenn auch mit diesem Rückgriff auf zaristische Positionen von sowjetischer Seite eine Macht-und Prestigeeinbuße der 1944 ohnehin geschwächten chinesischen Nationalregierung einkalkuliert war, ging es Stalin mit der Durchsetzung dieser Forderung doch erst in zweiter Linie um eine weitere Schwächung Chinas. Vielmehr kam es ihm darauf an, eine strategisch möglichst breit angelegte Position gegenüber der zu erwartenden starken Stellung der USA in Japan einzunehmen. Sie sollte die Sowjetunion besser abschirmen als die – wie die kriegerischen Auseinandersetzungen mit Japan 1938/39 gezeigt hatten – nicht eben vorteilhafte bisherige Grenzziehung im Fernen Osten.

Auch in der Europapolitik konnte Stalin seine wichtigsten Ziele erreichen. Für den Erfolg der sowjetischen *Polenkonzeption* erwies sich der Wechsel im Londoner Exilkabinett als günstig. Der polnische Premierminister Mikołajczyk hatte sich nach der Rückkehr aus Moskau im Oktober 1944 bei seinen auf britischen Druck hin unternommenen Versuchen, die Exilregierung zu Zugeständnissen gegenüber der Sowjetunion zu bewegen, nicht durchsetzen können: Am 24. November 1944 hatte er einem neuen Kabinett unter T. Arciszewski Platz machen müssen, das eine noch härtere Linie gegenüber der Sowjetunion verfolgte. Damit aber war die Kluft zwischen der amerikanischen und britischen Haltung in der Polenfrage und der Politik der polnischen Exilregierung unüberbrückbar geworden. Roosevelt und Churchill unterstützten auf der Jalta-Konferenz von vornherein nicht die Position der Regierung Arciszewski, sondern erkannten als künftige polnische Ostgrenze am 6. Februar 1945 endgültig die Curzon-Linie mit Abweichungen in einigen Gebieten um 5–8 km zugunsten Polens an. Ebenso entscheidend für das weitere Schicksal Polens wurde, daß sie ihre Forderung hinsichtlich der neu zu bildenden Regierung auf die Aufnahme von „demokratischen Führern" aus dem Ausland in die in Warschau residierende, kommunistisch beherrschte Provisorische Regierung beschränkten. Diese wurde demnach als Kern der neuen „Regierung der nationalen Einheit" von den Westmächten faktisch bereits anerkannt, während die völkerrechtliche Anerkennung durch die USA und Großbritannien nach vollzogener Umbildung folgen sollte. Damit war die polnische Exilregierung von den Westmächten fallengelassen worden. Eine internationale Absicherung der „baldmöglichen Abhaltung freier und uneingeschränkter Wahlen auf der Grundlage des allgemeinen Wahlrechts und geheimer Abstimmung", zu der die neue polnische Regierung verpflichtet werden sollte, lehnte Stalin ab und setzte sich mit seinem Standpunkt durch, daß dies erst einige Zeit nach dem Kriegsende in Europa möglich sein werde. Lediglich in der Frage der künftigen polnischen Westgrenze konnte er seine Forderung nicht durchdrücken, die Oder-Neiße-Linie als solche anzuerkennen. Roosevelt und Churchill erklärten sich vorerst nur zu der Formulierung bereit, „daß Polen im Norden und Westen einen beachtlichen territorialen Zuwachs erhalten muß". Die endgültige Festlegung der polnischen Westgrenze sollte der Friedenskonferenz vorbehalten bleiben.

Hinsichtlich der *Deutschlandfrage* bestätigte die Konferenz die

am 12. September und 14. November 1944 von den Vertretern der
drei Hauptalliierten in der Europäischen Beratenden Kommission
getroffenen Vereinbarungen. Der Hinzuziehung Frankreichs als
vierte Besatzungsmacht mit Sitz und Stimme im Alliierten Kontroll-
rat für Deutschland stimmte Stalin erst zu, nachdem feststand, daß
die französische Besatzungszone aus der britischen und amerikanischen Zone „entnommen" und nicht aufgrund einer Neuverteilung
der Besatzungsbereiche gebildet werden sollte, die auch auf Kosten
der Sowjetunion gegangen wäre. Stalin erklärte sich mit der Forderung Roosevelts einverstanden, in den Entwurf der deutschen Kapitulationsurkunde (Artikel 12 a) den Begriff „Zerstückelung"
(rasčlenenie) aufzunehmen. Allerdings sollte die „Untersuchung des
Verfahrens für die Zerstückelung Deutschlands" einem Ausschuß
übertragen werden (A. Eden, J. Winant und F. T. Gusev), so daß
sich Stalin die Möglichkeit eines Kurswechsels in dieser Frage offen
hielt. Enttäuschend war in sowjetischer Sicht, daß die *Reparations-
frage* ungelöst blieb, zumal sich auch die am 3. Januar 1945 eingeleiteten sowjetischen Bemühungen zerschlagen hatten, von den USA
einen langfristigen 6-Milliarden-Dollar-Kredit (Laufzeit 30 Jahre,
Zinsatz $2^{1}/_{2}$ %) zum Wiederaufbau der zerstörten Industriegebiete
zu erhalten. Die Lösung des Reparationsproblems wurde einer Alliierten Reparations-Kommission in Moskau übertragen. Für ihre
Arbeit wollten die sowjetische und die amerikanische Delegation
hinsichtlich der Festlegung der Gesamtsumme der Reparationen
(sowohl Fortschaffung von Vermögenswerten aus Deutschland als
auch Warenlieferungen aus der laufenden Produktion und Verwendung deutscher Arbeitskräfte) und des Verteilungsschlüssels folgenden Beschluß zugrunde gelegt wissen: die Kommission „soll bei ihren einleitenden Untersuchungen als Gesprächsgrundlage den
Vorschlag der sowjetischen Regierung verwenden, wonach sich die
Gesamtsumme der Reparationen . . . auf 20 Milliarden Dollar belau-
fen und 50% hiervon an die UdSSR abgeführt werden soll". Die britische Delegation schloß sich diesem Vorschlag nicht an, weil sie sich
auf Zahlen nicht festlegen wollte. Da eine feste Abmachung unter-
blieb, hing es von der weiteren Entwicklung des sowjetisch-amerikanischen Verhältnisses ab, ob die Sowjetunion einen Teil der bean-
spruchten Reparationsleistungen auch außerhalb ihres Machtbereichs erhalten würde.

Die Probleme *Südosteuropas* wurden auf der Konferenz von Jalta nur gestreift. Hinsichtlich Jugoslawiens wurde durch das von Tito und Šubašić vorweggenommene Abkommen eine der polnischen Lösung gleichende Regelung wiederholt, von Tito allerdings nur widerstrebend akzeptiert: Minister der Exilregierung sollten in ein neues Kabinett Titos eintreten, um dann die einzige, auch von den Westmächten anerkannte jugoslawische Regierung zu bilden. Darüber hinaus sollte – was von der jugoslawischen KP als diskriminierend betrachtet wurde – der kommunistisch beherrschte „Antifaschistische Rat der Nationalen Befreiung Jugoslawiens (AVNOJ)" durch Mitglieder des letzten jugoslawischen Parlaments vor 1941 erweitert werden. Anders als in Polen blieb jedoch die Durchführung dieser Vereinbarung aus.

In der *Meerengenfrage* meldete Stalin das Interesse der Sowjetunion an, zu einer Änderung der Konvention von Montreux vom 20. Juli 1936 zu kommen. Daraufhin wurde von den Regierungschefs der Beschluß gefaßt, über dieses Problem auf der nächsten Sitzung der Außenministerkonferenz, die als fortan regelmäßig tagendes Gremium institutionalisiert worden war, zu beraten und die türkische Regierung „zum geeigneten Zeitpunkt" zu unterrichten. Daß die sowjetische Nachkriegsstrategie nun auch über die Meerengen hinausführende maritime Ziele verfolgte, zeigte sich, für Stalins Verhandlungspartner überraschend, in der Bekundung eines sowjetischen Interesses an der Treuhandschaft über eine der italienischen Kolonien.

Auch *Iran* blieb auf der Konferenz nur ein Randproblem. Von sowjetischer Seite wurde die Weigerung der iranischen Regierung, der UdSSR Ölkonzessionen einzuräumen, die mit dem Bau einer Erdölleitung zum Persischen Golf unter dem Schutz von Einheiten der Roten Armee verknüpft sein sollten, auf amerikanische und britische Einflüsse zurückgeführt. Molotov wich im Gegenzug allen Versuchen Edens aus, die Festlegung eines Räumungstermins nach dem bevorstehenden Ende des Krieges in Europa, wie es der sowjetisch-britische Bündnisvertrag mit Iran vom 29. Januar 1942 vorsah, mit Zugeständnissen in der Ölfrage zu verknüpfen. Es kam der sowjetischen Führung offensichtlich darauf an, in diesem Übergangstadium vom Krieg zum Frieden die eigene starke Position in Iran als Druckmittel zur Durchsetzung ihrer Ziele an den Meerengen zu behalten.

Obwohl oder gerade weil sich in Jalta ein Höchstmaß an Konzessionsbereitschaft vor allem auf Seiten Roosevelts, aber auch Churchills gezeigt hatte, glaubte Stalin in den folgenden Wochen einseitige Aktionen innerhalb der sowjetischen Interessensphäre und in ihren Randbereichen riskieren und weitere Vorteile erzielen zu können. Dabei ging es einmal um die Ausschaltung tatsächlicher oder vermeintlicher westlicher Einflüsse in den eroberten Ländern, zum anderen um die Gewinnung neuer strategischer Positionen an der südwestlichen Flanke der Sowjetunion, die durch die Konzentration britischer und amerikanischer Kräfte im Mittelmeer besonders gefährdet schien. Stalin mußte, um die eroberten ostmittel- und südosteuropäischen Staaten in den Griff zu nehmen, die Prinzipien der *„Erklärung über das befreite Europa"* verletzen, die am Schluß der Krimkonferenz veröffentlicht worden war. Er konnte jedoch damit rechnen, hierdurch die Zusammenarbeit mit den Westmächten in der Schlußphase des Krieges keiner Zerreißprobe auszusetzen.

In der „Erklärung über das befreite Europa" hatten die drei Regierungschefs „ihr gegenseitiges Übereinkommen" versichert, „während der zeitweilig labilen Lage im befreiten Europa die Politik der drei Regierungen zur Unterstützung der von der Herrschaft Nazideutschlands befreiten Völker und der Völker der ehemaligen europäischen Satellitenstaaten der Achse bei der Lösung ihrer drückenden politischen und wirtschaftlichen Probleme durch demokratische Mittel aufeinander abzustimmen". Die befreiten Völker sollten in die Lage versetzt werden, „demokratische Einrichtungen nach ihrer eigenen Wahl zu schaffen". „Um die Verhältnisse zu begünstigen, unter welchen die befreiten Völker diese Rechte ausüben können, werden die drei Regierungen gemeinsam alle Völker unterstützen, wo immer nach ihrer Beurteilung die Verhältnisse dies erfordern, a) um Verhältnisse für einen inneren Frieden zu schaffen; b) Notstandsmaßnahmen zur Hilfe bedrängter Menschen durchzuführen; c) einstweilige Regierungsbehörden zu bilden, in denen alle demokratischen Elemente der Bevölkerung vertreten und die zur baldmöglichsten Einsetzung von frei gewählten und dem Willen des Volkes entsprechenden Regierungen verpflichtet sind; und dort, wo es notwendig ist, die Abhaltung solcher Wahlen zu erleichtern." „Wenn nach Meinung der drei Regierungen die Verhältnisse in irgendeinem befreiten europäischen

Land oder irgendeinem ehemaligen Satellitenstaat der Achse in Europa solche Schritte notwendig machen, werden sie sich sofort gegenseitig über die erforderlichen Maßnahmen zur Erfüllung der in dieser Erklärung hervorgehobenen Verantwortung konsultieren."[3]

Die Vorgänge in den Balkanstaaten und in Polen wenige Wochen nach Abschluß der Konferenz von Jalta demonstrierten die Wirkungslosigkeit dieser Vereinbarung.[4]

In *Bulgarien* vollzog sich Anfang 1945 eine blutige Säuberung, der u. a. die drei Mitglieder des Regentschaftsrats, 22 ehemalige Minister und 68 Abgeordnete zum Opfer fielen. Insgesamt wurden bis März 1945 2138 Todesurteile an „Klassenfeinden" und „Volksfeinden" vollstreckt, um auf Tendenzen einer Westorientierung bei den noch geduldeten nichtkommunistischen Linksparteien abschreckend zu wirken. In *Rumänien* erzwang die Sowjetregierung nach vorausgehender Agitation der Kommunisten und nach Besetzung des rumänischen Hauptquartiers durch sowjetische Truppen von König Michael I. ultimativ die Entlassung der Regierung Radescu und am 6. März 1945 die Berufung eines neuen kommunistisch beherrschten Kabinetts unter P. Groza. In *Polen* wurden Ende März 16 führende Persönlichkeiten der mit der Exilregierung zusammenarbeitenden Untergrundbewegung unter dem Vorwand, mit ihnen verhandeln zu wollen, ins sowjetische Hauptquartier in der Nähe Warschaus gelockt, verhaftet und nach Moskau ins Lubjanka-Gefängnis gebracht. Am 21. Juni wurden sie wegen „zersetzender Tätigkeit im Rücken der Roten Armee" zu hohen Freiheitsstrafen verurteilt. Nachdem der kommunistische Staatspräsident Bierut am 5. Februar schon während der Jalta-Konferenz die Übernahme Schlesiens und Ostpreußens in polnische Verwaltung verkündet hatte, wurden entgegen der Vereinbarung mit den Westmächten, daß die Westgrenze Polens erst im Friedensvertrag festgelegt werden sollte, in den deutschen Ostgebieten vier Woiwodschaften (Oberschlesien, Niederschlesien, Pommern und Masuren) am 14. März 1945 eingerichtet.

Gegen die Absprache von Jalta verstieß Stalin auch, als er einseitig die Frage der *türkischen Meerengen* aufrollte. Die Türkei war, nachdem sie am 2. August 1944 die diplomatischen Beziehungen zu Deutschland abgebrochen hatte, erst zum letztmöglichen Zeitpunkt (um noch als Gründungsmitglied in die UNO aufgenommen zu

werden), am 1. März 1945, in den Krieg gegen Deutschland eingetreten. Am 19. März kündigte die Sowjetunion überraschend den
sowjetisch-türkischen Freundschafts- und Neutralitätspakt vom
17. Dezember 1925 mit der Begründung, er entspreche nicht mehr
den tiefgreifenden Veränderungen, die durch den Krieg entstanden
seien. Die eigentliche Absicht wurde deutlich, als Molotov am
7. Juni die Bedingungen für den Abschluß eines von der türkischen
Regierung angeregten neuen Freundschaftsvertrags nannte: Moskau
verlangte die Einräumung von Militärstützpunkten an den Meerengen und die Rückgabe der 1921 an die Türkei abgetretenen Gebiete
von Kars und Ardahan. Daß die sowjetischen Interessen auf weite
Sicht über die Türkei hinaus auf den Nahen Osten gerichtet waren,
hatte bereits in den Monaten Juli bis November 1944 die Aufnahme
diplomatischer Beziehungen zu den noch nicht voll souveränen
Staaten Ägypten, Syrien, dem Libanon und Irak gezeigt.

Mit höchstem Mißtrauen gegenüber den USA und Großbritannien verfolgte Stalin die Geheimverhandlungen zwischen dem deutschen und dem alliierten Oberkommando in Italien über eine Son-
derkapitulation der deutschen Truppen auf der italienischen
Halbinsel.[5] In einer Botschaft an Roosevelt vom 29. März 1945
stimmte er solchen Verhandlungen, die zur Kapitulation eines größeren deutschen Frontabschnitts führen würden, nur unter der Bedingung zu, daß „den Deutschen keine Möglichkeit gegeben wird,
zu manövrieren und diese Verhandlungen dazu zu benutzen, ihre
Truppen an andere Frontabschnitte zu werfen, insbesondere an die
sowjetische Front". In einer Korrespondenz mit dem alliierten
Oberbefehlshaber General D. D. Eisenhower Ende März 1945 bemühte sich Stalin, die zügig nach Mitteldeutschland vorstoßenden
britischen und amerikanischen Kräfte so weit wie möglich nach
Süddeutschland abzulenken, damit den Westalliierten nicht mehr
Gebiete der künftigen sowjetischen Besatzungszone Deutschlands
in die Hände fielen, als es auf Grund des Verlaufs der Kampfhandlungen unvermeidlich war; vor allem aber wollte er Berlin und Prag
durch die Rote Armee erobern lassen.

Der plötzliche Tod Präsident Roosevelts am 12. April 1945
weckte in Moskau die Befürchtung, daß unter seinem Nachfolger
Harry S. Truman sehr schnell jene Kräfte Einfluß gewinnen könn-

ten, die für eine härtere Politik gegenüber Sowjetrußland eintraten.[6] Das mag den Entschluß begünstigt haben, im April und Mai 1945 weitere „faits accomplis" zu schaffen.[7] Durch den Freundschaftspakt mit Jugoslawien vom 11. April unterstrich Stalin seine Solidarität mit Tito in einem Moment, in dem dessen Gebietsforderungen gegenüber Österreich (Kärnten) und Italien (Istrien und Julisch-Venezien) ernste jugoslawisch-britische Spannungen verursachten. Am 21. April schloß er einen Vertrag über Freundschaft, Zusammenarbeit und Beistand mit der Provisorischen Regierung Polens, die sich noch immer nicht zur Aufnahme „demokratischer Führer aus dem Ausland" entschlossen hatte und daher nicht zu der am 25. April eröffneten Gründungsversammlung der Organisation der Vereinten Nationen in San Francisco eingeladen war.

Auch gegenüber der *Tschechoslowakei* verfolgte die Sowjetregierung einen Kurs, der auf die feste Bindung dieses Staates in den sowjetischen Machtbereich abzielte. Während in bezug auf Polen und Jugoslawien den Westmächten die Aufnahme einzelner Exilpolitiker in die kommunistischen Regierungen konzediert worden war, beharrte Moskau in den seit 17. März mit der tschechoslowakischen Exilregierung geführten Verhandlungen darauf, daß nicht einzelne Kommunisten in das noch in London befindliche Kabinett einträten, sondern eine völlig neue Regierung mit Kommunisten in den Schlüsselpositionen zustande käme. Die schließlich von Z. Fierlinger, dem bisherigen Gesandten in Moskau, gebildete und von Präsident Beneš bestätigte neue Regierung übernahm am 4. April von Kaschau aus die Regierungsgewalt über die von der Roten Armee eroberten Teile der Tschechoslowakei mit Ausnahme der Karpato-Ukraine. Die Befreiung Prags durch die Rote Armee am 9. Mai symbolisierte die enge Bindung des Landes an die Sowjetunion. Am 16. Mai kehrte Beneš aus dem Londoner Exil nach Prag zurück. Mit der von ihm kurz danach endgültig zugestandenen Abtretung der Karpato-Ukraine in einem am 29. Juni in Moskau unterzeichneten Vertrag hatte die Sowjetregierung nicht nur das Problem eines ukrainischen „Piemont" in ihrem Sinne gelöst, sondern – über den Karpatenkamm hinausgreifend – auch eine gemeinsame Grenze mit Ungarn gewonnen. Unmittelbar zuvor hatte der Kreml – gewissermaßen als Kompensation dafür – in dem erneuerten Streit zwischen

Polen und der Tschechoslowakei um das Gebiet von Teschen zugunsten der letzteren entschieden.

In dem am 13. April 1945 besetzten Wien bildete die Sowjetregierung ohne Konsultation oder Information der Verbündeten am 27. April eine *österreichische Provisorische Regierung* unter dem früheren Bundeskanzler Karl Renner, bestehend aus Ministern der Sozialistischen, der Christlich-Sozialen und der Kommunistischen Partei Österreichs.[8] Erst nach mehrwöchigen Verhandlungen räumte die Sowjetunion in einem am 4. Juli unterzeichneten Abkommen über die alliierte Kontrolle in Österreich den drei Westmächten ein Mitspracherecht für ganz Österreich ein, so wie es der Dreimächtedeklaration vom 1. November 1943 entsprach. Im Londoner Abkommen über die Besatzungszonen in Österreich vom 9. Juli 1945 wurden das Burgenland, Niederösterreich sowie der links der Donau liegende Teil Oberösterreichs der Sowjetunion als Besatzungszone zugewiesen. In der Viermächte-Sonderzone Wien umfaßte der sowjetische Sektor die Bezirke Leopoldstadt, Brigittenau, Floridsdorf, Wieden und Favoriten. Der Bezirk Innere Stadt wurde von allen vier Besatzungsmächten gemeinsam besetzt und verwaltet. Erst nach einer den Einfluß der Kommunisten einschränkenden Kabinettsumbildung und der Zustimmung der Sowjetunion zur Abhaltung freier Wahlen in ganz Österreich bis spätestens 31. Dezember 1945 wurde die Regierung Renner am 20. Oktober 1945 auch von den Westmächten anerkannt. Ähnlich eigenwillig verfuhr Stalin auch in dem von der Roten Armee besetzten Teil *Deutschlands.*[9] Am 30. April 1945, als die Kämpfe um Berlin noch nicht abgeschlossen waren, traf die Führungsspitze der kommunistischen Emigranten, die Gruppe Ulbricht, als erste in der bisherigen Reichshauptstadt ein und begann zielstrebig mit dem Aufbau eines zunächst lokalen, dann regionalen kommunistisch gelenkten Verwaltungsapparats. Dieser Kern kommunistischer Herrschaft in Deutschland blieb zunächst im Hintergrund, da sich Möglichkeit und Zweckmäßigkeit seiner Ausweitung noch nicht voraussehen ließen. Noch war nicht klar, welchen Kurs die neue amerikanische Regierung in ihrer Deutschlandpolitik einschlagen würde. Hingegen wurde die Konzeption Stalins in Umrissen sichtbar, als er sich eindeutig von dem Gedanken einer Zerstückelung Deutschlands distanzierte, dem er auf der Konferenz von Jalta zugestimmt hatte. Bereits am 26. März hatte die Sowjetregierung den Vertretern der Westmächte in der Europäischen Beratenden Kommission mitgeteilt, daß sie die Zerstückelung Deutschlands nicht als einen feststehenden Plan, sondern lediglich als eine Möglichkeit betrachte, Druck auf die Deutschen auszuüben. Als sich die Regierung Dönitz Anfang Mai 1945 kapitulationsbereit erklärte, war infolge der Schwenkung Moskaus noch keine Einigung in dieser Frage erzielt. Am 9. Mai verkündete Stalin in seiner Siegesproklamation der Öffentlichkeit den Kurswechsel: die Sowjetunion beabsichtige nicht, Deutschland zu zerstückeln oder zu zerstören.

Die *deutsche Kapitulation* war am 7. Mai 1945 im alliierten Hauptquartier in Reims vollzogen worden. Es sprach für Stalins Überzeugung von der entscheidenden Rolle der Sowjetunion bei der Niederwerfung Deutschlands, aber auch für die Differenzen zwischen den Siegermächten, daß der Generalissimus auf einer Wiederholung der deutschen Kapitulation am 9. Mai im sowjetischen Hauptquartier in Berlin-Karlshorst bestand. Dagegen scheiterten seine Bemühungen, die Regierung Dönitz in das allein von der Roten Armee besetzte Berlin überführen zu lassen. Nach der dann auf sowjetischen Druck erfolgten Verhaftung dieser Regierung durch die Briten in Flensburg am 23. Mai erklärten die vier Hauptsiegermächte am 5. Juni die Übernahme der obersten Regierungsgewalt in Deutschland und setzten die am 14. November 1944 beschlossene Kontrollratsvereinbarung in Kraft.[10] Nachdem in mündlichen Vereinbarungen zwischen Marschall G. Žukov und den Generälen L. D. Clay (USA) und Sir R. Weeks (Großbritannien) eine Klärung der technischen Fragen erzielt worden war, begann am 1. Juli der Rückzug der britischen und amerikanischen Truppen von ihrer während des Vormarschs erreichten Linie Wismar–Magdeburg–Elbe–Saale–Mulde auf die Grenze der westlichen Besatzungszonen. Stalin setzte die damit verbundene erneute Machtverschiebung zu seinen Gunsten in Mitteleuropa gegen den am 14. Juni geäußerten Wunsch Trumans durch, zuvor den freien Zugang nach Berlin zu regeln.[11] Das Eintreffen der westalliierten Besatzungsstreitkräfte in den von der Roten Armee geräumten Berliner Westsektoren vom 1.–4. Juli 1945 hatte demgegenüber vorerst keine größere Auswirkung.

Nunmehr waren optimale Voraussetzungen für eine Politik geschaffen, welche die Alternativen enthielt, entweder eine Einflußnahme in ganz Deutschland zu erzielen oder die sowjetische Herrschaft in der eigenen (durch die Überlassung der Gebiete östlich der
Oder und Neiße an Polen allerdings erheblich verkleinerten) Besatzungszone auszubauen. Welche von beiden sich verwirklichen ließ,
hing vor allem von der Deutschlandpolitik der beiden Westmächte
ab.

Gegen die Absichten Stalins in Europa war in der Schlußphase des
Krieges im Grunde nur die Entwicklung im Bereich der *Ostseeausgänge* ausgeschlagen. Der schnelle Vorstoß britischer Truppen über
die untere Elbe auf Lübeck (3. Mai) und die deutsche Sonderkapitu-
lation in Nordwestdeutschland und Dänemark am 4. Mai hatten die
Hoffnung zunichte gemacht, über Mecklenburg hinaus nach Schles-
wig-Holstein vorzudringen und Dänemark zu besetzen. Lediglich
die Besetzung der Insel Bornholm durch sowjetische Truppen am
9. Mai ermöglichte es bis zu einem gewissen Grade, Druck auf Dänemark auszuüben, das am 16. Mai diplomatische Beziehungen zur
Sowjetunion aufnahm.

Inzwischen hatte sich die weltpolitische Konstellation für den
Kreml verändert. Das Mißtrauen Stalins gegenüber dem Kurs des
neuen amerikanischen Präsidenten Truman hatte frühzeitig Nah-
rung erhalten.[12] Da es in Polen bislang noch nicht zur Bildung der
in Jalta beschlossenen „Regierung der nationalen Einheit" gekommen war, lehnte die neue amerikanische Administration eine Vertretung der von ihr und Großbritannien nicht anerkannten Warschauer
Regierung auf der am 25. April eröffneten ersten *Konferenz der
Vereinten Nationen* in San Francisco ab. Andererseits setzte sie sich
dafür ein, daß die Ukraine und Weißrußland, wie von Roosevelt in
Jalta zugestanden, in der Weltorganisation Sitz und Stimme erhiel-
ten. Um die hierfür wichtigen südamerikanischen Staaten zu gewinnen, stimmte sie ohne Konsultation der sowjetischen Vertretung für
die Aufnahme Argentiniens als Gründungsmitglied. Die Problematik dieses Schritts lag in dem Umstand, daß dieser Staat erst nach dem
zwischen den Großmächten vereinbarten Stichtag (1. März 1945)
Deutschland den Krieg erklärt hatte und von der Sowjetunion als fa-

schistisch angesehen wurde. Die starre Haltung Molotovs hinsichtlich des Abstimmungsverfahrens im Sicherheitsrat, durch die er die
Konferenz in wochenlange ergebnislose Debatten verwickelte, sollte
das Vetorecht der Großmächte nun auch für Verfahrensfragen in
Geltung setzen. Dieses Vorgehen war von Stalin zweifellos als Mittel
gedacht, um die neue amerikanische Regierung zu testen. Sein Mißtrauen schien in krasser Weise bestätigt zu werden, als am Tage nach
der deutschen Kapitulation (9. Mai) ohne Vorankündigung die
Leih-Pacht-Lieferungen an die Sowjetunion rigoros eingeschränkt
wurden. Sogar bereits auf dem Wege befindliche Schiffe wurden zur
Umkehr aufgefordert. Wenn auch diese Anordnung am 11. Mai auf
Grund von Protesten in der amerikanischen Öffentlichkeit wieder
rückgängig gemacht wurde, stellten die Restriktionen selbst doch einen schweren Schlag für die sowjetische Wirtschaft dar. Nach der
ablehnenden Haltung der USA hinsichtlich eines langfristigen 6-
Milliarden-Dollar-Kredits und nach dem Ausweichen in der Repa-
rationsfrage mußte dies in Moskau als weiterer Versuch betrachtet
werden, die Sowjetunion auf einem Gebiet unter Druck zu setzen,
in dem sie nach den Verlusten der Kriegsjahre als besonders leicht
verletzbar gelten konnte. Diese Entscheidung traf die Sowjetunion
umso härter, als 1943 und 1944 nach Auslaufen der vereinbarten
Lieferungen jeweils ohne Schwierigkeiten Erhöhungen der Kontin-
gente vereinbart worden waren, die insgesamt aus Mitteln der Leih-
Pacht-Hilfe ein Volumen von 10,8 Millionen Tonnen erreicht hatten.

Um den toten Punkt in den *amerikanisch-sowjetischen Beziehungen* zu überwinden – woran die amerikanische Regierung, im Gegensatz zu dem nun offen zur Konfrontation ratenden Churchill,
aus innenpolitischen Gründen wie mit Rücksicht auf den Krieg gegen Japan interessiert war –, sandte Truman den Vertrauten und
Verfechter der außenpolitischen Linie Roosevelts, H. L. Hopkins,
zu Stalin.[13] In sechs Unterredungen vom 25. Mai bis 6. Juni 1945
betonte der Generalissimus seine Entschlossenheit, die Interessen
der Sowjetunion durchzusetzen. Er akzeptierte lediglich den amerikanischen Standpunkt in der von Molotov neu aufgeworfenen Veto-
frage, so daß die Konferenz in San Francisco am 26. Juni mit der
Verabschiedung der Satzung der Vereinten Nationen abgeschlossen

werden konnte. Hopkins hatte allerdings zuvor in der Polenfrage
zugestanden, daß die in die „Regierung der nationalen Einheit" auf-
zunehmenden Exilpolitiker eine positive Einstellung zur kommunistischen Führung Polens haben müßten. Auf dieser Basis endeten die
am 17. Juni in Moskau aufgenommenen Verhandlungen zwischen
der Warschauer Regierung und Exilpolitikern mit der Bildung einer
„Regierung der nationalen Einheit", in der die Kommunisten die
Schlüsselpositionen behielten und Mikołajczyk die bloß dekorative
Funktion eines stellvertretenden Ministerpräsidenten übernahm
(28. Juni). Mit der Anerkennung dieser Regierung durch die USA
und Großbritannien am 5. Juli war eine entscheidende Etappe in der
sowjetischen Polenpolitik erfolgreich zum Abschluß gelangt.

Nachdem durch das Einlenken der amerikanischen Seite in den
Unterredungen Stalins mit Hopkins eine Einigung in den wichtigsten aktuellen Streitfragen zwischen der Sowjetunion und den USA
erreicht war, stand einem neuen Treffen der „Großen Drei" nichts
mehr im Wege, das vor allem der Klärung der durch das Kriegsende
in Europa aufgeworfenen Einzelfragen dienen sollte.

Wie in Jalta überschattete auch in den *Potsdamer Verhandlungen*
(17. Juli bis 2. August 1945) das Problem Japan die Diskussion zwischen den „Großen Drei".[14] Am 4. Juli hatten Truman und Churchill den Abwurf einer Atombombe über *Japan* fest vereinbart, und
am 16. Juli war die neue Waffe in New Mexico erfolgreich erprobt
worden. Dennoch blieben in Amerika Zwifel bestehen, ob Japan
durch den Abwurf der zwei verfügbaren Bomben zur Kapitualation
gezwungen werden könnte. Somit mußte die Mitwirkung der Sowjetunion an der Niederringung Japans nach wie vor als erstrebens-
wert betrachtet werden. Das stärkte die Verhandlungsposition Stalins. Die Sowjetunion hatte am 5. April überraschend den
sowjetisch-japanischen Neutralitätsvertrag vom 13. April 1941 ge-
kündigt. Die daraufhin verstärkten japanischen Bemühungen, Moskau für eine Friedensvermittlung mit Washington und London zu
gewinnen, hatte der Kreml ignoriert, ohne indessen die Westmächte
zu unterrichten. Erst anläßlich der persönlichen Begegnung vom
18. Juli informierte Stalin den amerikanischen Präsidenten von den
japanischen Sondierungen und am 28. Juli von der Kapitulationsbereitschaft Tokios unter der Bedingung des Fortbestandes der Mon-

archie, die in einer Botschaft des Außenministers Sh. Togo vom 21. Juli ausgesprochen worden war. Die Antwort der japanischen Regierung auf den inzwischen am 16. Juli abgesandten ultimativen Appell der USA und Großbritanniens zur bedingungslosen Kapitulation wurde für unzureichend gehalten. Das löste das erneute Ersuchen der Westmächte an die Sowjetunion aus, nunmehr, wie in Jalta vereinbart, in den Krieg gegen Japan einzutreten. Die bei der Führung der USA noch vorherrschende Ansicht, daß nur das Eingreifen Sowjetrußlands das schnellstmögliche Ende des Krieges in Fernost garantiere, mußte die Bereitschaft zu Konzessionen in der europäischen Frage erhöhen. Diese Kalkulation bestimmte Stalins Taktik während der Potsdamer Konferenz. Die Ablösung Churchills als britischer Premierminister durch Clement Attlee infolge des Ausgangs der britischen Wahlen zugunsten der Labourparty am 27. Juli erleichterte sein Spiel. Attlee war, ebenso wie Truman, aus innenpolitischen Gründen auf einen Erfolg des Treffens – und sei es auch nur in Formelkompromissen – angewiesen.

In der *Deutschlandfrage* setzte sich Stalin mit dem Beschluß durch, Deutschland während der Besatzungszeit als „wirtschaftliche Einheit" zu betrachten. Zwar sollte es „bis auf weiteres" keine zentrale deutsche Regierung geben, jedoch sollten unter der Leitung des alliierten Kontrollrats „einige wichtige zentrale deutsche Verwaltungsstellen" auf den Gebieten des „Finanzwesens, des Transportwesens, des Verkehrswesens, des Außenhandels und der Industrie" geschaffen werden. An ihrer Spitze sollten „Staatssekretäre" stehen. Diese Zielsetzung konnte sowohl mit den „gesamtdeutschen" Tendenzen als auch mit den Reparationsforderungen der Sowjetunion in Beziehung gebracht werden. Es gelang Stalin nicht, die USA noch einmal wie in Jalta zur Nennung einer Gesamtziffer wenigstens als Gesprächsbasis für die Beratungen in der Reparationskommission in Moskau zu bewegen, die inzwischen wegen des Abrückens der amerikanischen Vertretung von dieser Gesamtsumme im Mai in eine Krise geraten waren. Dagegen wurde festgelegt, daß die Sowjetunion ihre Reparationsansprüche gegenüber Deutschland durch Entnahmen aus der laufenden Produktion ihrer Besatzungszone sowie aus deutschen Auslandsguthaben in einer Reihe von Ländern ihres Machtbereichs befriedigen sollte. Darüber hinaus war vorgesehen,

15% der zu Reparationszwecken beschlagnahmten Industrieausrüstungen der westlichen Besatzungszonen (gegen einen Austausch vor allem von Lebensmitteln) sowie 10% der industriellen Ausrüstung aus den westlichen Zonen, „die für die deutsche Friedenswirtschaft unnötig ist", ohne jede Gegenleistung der Sowjetunion zu übergeben. Der sowjetische Vorschlag, das Ruhrgebiet einer Viermächtekontrolle unmittelbar zu unterstellen, wurde hingegen von den Westmächten abgelehnt. Dieser Versuch eines Hinübergreifens in das Zentrum der westlichen Teile Deutschlands war allzu offenkundig.

Auch in der Frage der *deutschen Ostgrenze* hatte Stalin nur einen Teilerfolg. Truman und Attlee sagten zwar in der „Mitteilung über die Dreierkonferenz" vom 2. August 1945 (dem sog. Potsdamer Abkommen) zu, bei der „bevorstehenden Friedensregelung" eine sowjetische Forderung auf Abtretung des nördlichen Ostpreußen mit Königsberg an die Sowjetunion zu unterstützen, lehnten jedoch hier wie noch deutlicher im Falle der Forderung Stalins, die Westgrenze Polens an der Oder und der Görlitzer Neiße anzuerkennen, eine bindende völkerrechtliche Verpflichtung vor Abschluß eines Friedensvertrags mit Deutschland ab. Sie konnten lediglich für die Formulierung gewonnen werden, „daß bis zur endgültigen Festlegung der Westgrenze Polens die früher deutschen Gebiete östlich der Linie, die von der Ostsee unmittelbar westlich von Swinemünde und von dort die Oder entlang bis zur Einmündung der westlichen Neiße und die westliche Neiße entlang bis zur tschechoslowakischen Grenze verläuft, ... unter die Verwaltung des polnischen Staates kommen und in dieser Hinsicht nicht als Teil der sowjetischen Besatzungszone in Deutschland betrachtet werden sollen". Damit war die faktisch schon im März 1945 mit der Überlassung der Zivilverwaltung der Gebiete an Polen vollzogene Abtrennung der Ostgebiete vom übrigen Deutschland akzeptiert. Das gleiche galt für die durch die Flucht eines erheblichen Teils der ostdeutschen Bevölkerung schon vorweggenommene Vertreibung der Deutschen, die nunmehr offiziell von den drei Regierungschefs beschlossen wurde. Gesprochen wurde dabei von der „Überführung der deutschen Bevölkerung oder Bestandteilen derselben, die in Polen, Tschechoslowakei und Ungarn zurückgeblieben sind", Maßnahmen, die „in ordnungsgemäßer und humaner Weise" stattfinden sollten. Die Einbeziehung der Polen zur Verwaltung überlassenen deutschen Ostgebiete in die Vertreibung wurde von den Westmächten hingenommen. Damit war praktisch ausgeschlossen, daß die formal als provisorisch angesehene Entscheidung jn der deutsch-polnischen Grenzfrage rückgängig gemacht werden konnte.

Amerikanische und britische Beschwerden über die geringen Wirkungsmöglichkeiten ihrer Vertretungen in *Bulgarien* und *Rumänien* wurden von Stalin mit entsprechenden Bemerkungen über die ähnliche Situation der sowjetischen Vertreter in Italien aufzufangen gesucht. In der Frage der von der UdSSR entfernten rumänischen Ölförderungsanlagen gaben sich die westlichen Regierungschefs mit der Bildung einer Sachverständigenkommission zufrieden, nachdem Stalin in bezug auf *Iran* Zugeständnisse gemacht hatte. Die sowjetischen Truppen sollten sofort Teheran verlassen. Die weiteren Etappen des Abzugs der sowjetischen Truppen sollten bei der nächsten, für September 1945 vorgesehenen Tagung des Außenministerrats festgelegt werden. Auch die Probleme der *Türkei* wurden jetzt von Stalin zurückhaltend behandelt. Er begnügte sich mit dem im Konferenzprotokoll vermerkten Einverständnis, „daß die in Montreux abgeschlossene Konvention revidiert werden soll, da sie den heutigen Verhältnissen nicht mehr entspricht". Als „nächster Schritt" waren „unmittelbare Besprechungen zwischen jeder der drei Regierungen und der türkischen Regierung" vorgesehen, d. h. die Sowjetunion konnte in direkten Verhandlungen mit der Türkei versuchen voranzukommen. Die Erwähnung sowjetischer *Flottenstützpunkte* in Saloniki oder Alexandrupolis als Alternative für einen Verzicht auf Stützpunkte an den Dardanellen zeigte allerdings das hartnäckige Bestreben Stalins, eine Position im Mittelmeer zu gewinnen. Die jetzt eindeutig auf Tripolitanien gerichteten Wünsche nach einer sowjetischen Treuhandschaft über eine italienische Kolonie, das seit der Kapitulation Italiens zäh verfolgte Begehren nach Teilen der italienischen Schlachtflotte und der Anspruch auf Beteiligung an der Verwaltung der wieder zu errichtenden internationalen Zone von Tanger wiesen in die gleiche Richtung.

Im ganzen bildeten die Ergebnisse der Konferenz von Potsdam durchaus eine Grundlage für die Konsolidierung der sowjetischen

Herrschaft in dem von der Roten Armee besetzten Teil Europas. In den Formelkompromissen der Deutschlandfrage, mit den vieldeutigen Wendungen „Demokratisierung", „Dezentralisierung", „erfolgreiche Entwicklung der demokratischen Ideen" und Vorbeuge gegen eine „Wiedergeburt oder Wiederaufrichtung des deutschen Militarismus und Nazismus", boten sich Ansatzmöglichkeiten, um einer unerwünschten Entwicklung in den westlichen Besatzungszonen Deutschlands entgegenzuwirken. Unter Hinweis auf das *Potsdamer Abkommen* konnte die eigene Interpretation als die allein vertragskonforme zur Rechtfertigung eigener Schritte dienen, falls in der amerikanischen Politik die Tendenz zur Konfrontation gegenüber dem Wunsch nach einem Rückzug aus Europa die Oberhand gewinnen sollte. Darüber hinaus boten die vagen Vereinbarungen über Fragen des Mittelmeerbereichs Ausgangspositionen für ein weiteres Vortasten in der Folgezeit.

142

Anmerkungen

1 Die Geschichte des Großen Vaterländischen Krieges der Sowjetunion. Bd.5, Berlin 1967. S.58ff.; Schukow, Erinnerungen und Gedanken, S.541 ff., verneint die von W. Tschuikow, Das Ende des Dritten Reiches. (Aus d. Russ.) München 1966, behauptete Möglichkeit, bereits im Februar 1945 Berlin von der Roten Armee erobern zu lassen.

2 Sowjetische Protokolle in: Meždunarodnaja žizn'. 1965, Nr.6. S.142–160, Nr.7. S.153–160, Nr.8. S.153–160, Nr.9. S.185–192, und in: Tegeran – Jalta – Potsdam. Moskau 1967; amerikanische Protokolle in: Die Konferenzen in Malta und Jalta. Dokumente vom 17. Juli 1944 bis 3. Juni 1945. Düsseldorf 1956; britische Dokumente eingearbeitet in Woodward, S.484 ff., und Churchill, Bd.6, S.296 ff.; Bryant, Sieg im Westen, S.399 ff.; Bericht des amerikanischen Außenministers: E. R. Stettinius, Roosevelt and the Russians. London 1950. – Aus der Fülle der Darstellungen und Interpretationen seien genannt: V. Israeljan, L'Union soviétique et la conférence de Crimée. In: Revue d'histoire de la deuxième guerre mondiale. 1967, Nr.68. S.45–64; McGeorge Bundy, The Test of Yalta. In: Foreign Affairs. 1948/49, Nr.4. S.618–629; The Meaning of Yalta. Hrsg. v. J. L. Snell. Baton Rouge 1956; R. Sontag, Reflections on the Yalta Papers. In: Foreign Affairs. 1954/55, Nr.4. S.615–623; E. C. Kollman, Die Jaltakonferenz im Kreuzfeuer von Politik und Geschichtsschreibung. In: Geschichte in Wissenschaft und Unterricht. 1957, Nr.5. S.272–292; A. Conte, Die Teilung der Welt. Jalta 1945. München 1967; E. M. Zacharias, The Inside Story of Yalta. New York 1949; G. Kolko, The Politics of War. Allied Diplomacy and the World Crisis of 1943–1945. London 1969. – Von sowjetischer Seite zuletzt L. M. Koroljuk, Bor'ba sovetskoj diplomatii na Krymskoj konferencii (1945 g.) za osuščestvlenie leninskich principov mirnogo sosuščestvovanija, obespečenija mira i bezopasnosti. In: Učenye zapiski Moskovskogo instituta meždunarodnych otnošenij. 1971, Nr.1 und ders., Bor'ba Sovetskogo Sojuza na Krymskoj konferencii za demokratičeskuju, miruljubivuju Pol'šu i ee spravedlivye granciy. Ebda, 1969, Nr.1. S.15–39.

3 Teheran, Jalta, Potsdam. Köln 1968. S.191; russ.: Tegeran – Jalta – Potsdam. Moskau 1967. S.144 ff.

4 Allgemein: H. Seton-Watson, Die osteuropäische Revolution. (Aus d. Engl.) München 1956; Ch. F. Delzell, Russian Power in Central-Eastern Europe. In: The Meaning of Yalta. Hrsg. v. J. L. Snell, S.75 ff. – In journalistischer Form: W. Bretholz, Ich sah sie stürzen. Wien 1955; H. van

Bergh, Die rote Springflut. München 1958. – Zu Rumänien: A. G. Lee, Crown against Sickle. London 1949; R. H. Markham, Rumania under the Soviet Yoke. Boston 1949. – Zu Polen: Rhode, Die politische Entwicklung Polens, S.216ff.; E. J. Rozek, Allied Wartime Diplomacy. New York 1958. – Zur Türkei: Neçmeddin Sadak, Turkey Faces the Soviets. In: Foreign Relations. 1949. S.458ff.

5 Briefwechsel Stalins, S.690ff.

6 Von nichtkommunistischer Seite wird die These vom abrupten Kurswechsel der amerikanischen Politik beim Übergang von Roosevelt zu Truman am nachdrücklichsten von G. Alperovitz, Atomare Diplomatie. München 1966, vertreten, während H. Feis, Zwischen Krieg und Frieden. Das Potsdamer Abkommen. Frankfurt a. M. 1962, die Kontinuität für das Jahr 1945 betont.

7 Zu Jugoslawien: Matl, Jugoslawien im Zweiten Weltkrieg, S.118ff. – Zu Polen: Rhode, Die politische Entwicklung Polens, S.216ff. – Zur Tschechoslowakei: E. Táborský, Beneš and the Soviets. In: reign Affairs. 1948/49, Nr.2. S.302–314; ders., Beneš and Stalin – Moscow, 1943 and 1945. In: Journal of Central European Affairs. Bd.13, 1953/54, Nr.2. S.154–181; E. Osers, The Liberation of Prague: Fact and Fiction. In: Survey. 1970, Nr.76. S.99–111; J. W. Bruegel, Případ Podkarpatské Rusi. London 1953; Fr. Nemeč, Vl. Moudry, Soviet Seizure of Subcarpathian Ruthenia. Toronto 1955; V. Shandor, Annexation of Carpatho-Ukraina to the Ukrainian SSR. In: Ukrainian Quarterly. 1957, Nr.3. S.243 bis 254.

8 Die Sowjetregierung und der österreichische Staatsvertrag. Bericht und Dokumente. 1943–1953. Hrsg. v. W. Markert. 2., erweiterte Fassung, Göttingen 1953. S.3ff.; K. Renner, Österreich von der Ersten zur Zweiten Republik. Wien 1953; A. Schärf, Zwischen Demokratie und Volksdemokratie. Wien 1950; K. Gruber, Zwischen Befreiung und Freiheit. Wien 1953.

9 W. Leonhard, Die Revolution entläßt ihre Kinder. Köln 1955; H.-P. Schwarz, Vom Reich zur Bundesrepublik. Neuwied 1966. S.203ff.; W. Erfurt, Die sowjetische Deutschlandpolitik 1945–1955. 6., erweiterte Aufl., Eßlingen 1962; M. Balfour, Four-Power Control in Germany and Austria 1945–1946. (Survey of International Affairs, 1939–1946, Bd.8) London 1956; deutsche Teilausgabe: Vier-Mächte-Kontrolle in Deutschland. Düsseldorf 1959.

10 Amtsblatt des Kontrollrates in Deutschland. Ergänzungsblatt Nr.1, 1946. S.10; W. Cornides, H. Volle, Um den Frieden mit Deutschland. (Dokumente und Berichte des Europa-Archivs. 6) Oberursel 1948. S.77;

K. Altmeyer, Die Dokumente vom 5. Juni 1945 und die politische Einheit Deutschlands. In: Europa-Archiv. 1955, Nr. 5. S. 7365–7378.

11 H. S. Truman, Memoiren. Bd. 1: Das Jahr der Entscheidungen (1945). (Aus d. Amerik.) Stuttgart 1955. S. 284 ff.; L. D. Clay, Entscheidung in Deutschland. (Aus d. Amerik.) Frankfurt a. M. 1950; Briefwechsel Stalins, S. 749 ff.; H.-W. Kuhn, Die Regelung der Verkehrsverbindungen nach Berlin 1945 bis 1946. In: Europa-Archiv. 1959, Beiträge und Berichte, Nr. 14. S. 447–466.

12 Alperovitz, Atomare Diplomatie, S. 65 ff.; Feis, Zwischen Krieg und Frieden, S. 29 ff.; McNeill, America, Britain and Russia, S. 667 ff.; Spiegelung in den Tagebüchern des amerikanischen Marineministers: The Forrestal Diaries. New York 1951.

13 Am ausführlichsten hierüber: Feis, Zwischen Krieg und Frieden, S. 77 ff.

14 Sowjetische Protokolle in: Meždunarodnaja žizn'. 1965, Nr. 10. S. 151–160, Nr. 12. S. 139–151. 1966, Nr. 1. S. 153–160, Nr. 3. S. 150–160, Nr. 5. S. 152–160, Nr. 6. S. 155–160, Nr. 7. S. 149–157, Nr. 8. S. 154–160, Nr. 9. S. 177–192, und in: Tegeran–Jalta–Potsdam. Moskau 1967. S. 156–358. – Amerikanische Protokolle in: Foreign Relations of the United States. Diplomatic Papers. The Conference of Berlin (The Potsdam Conference), 1945. Bd. 1–2, Washington 1960. – Britische Dokumente in Woodward, S. 536 ff., und Churchill, Bd. 6, S. 563 ff.; Truman, Memoiren, Bd. 1; Eden Memoires, Bd. 2; W. D. Leahy, I Was There. New York 1950; J. F. Byrnes, In aller Offenheit. (Aus d. Amerik.) Frankfurt a. M. 1949; ders., All in One Lifetime. New York 1958, und R. Murphy, Diplomat unter Kriegern. (Aus d. Amerik.) Leicht gekürzte Ausg., Berlin 1965. – Aus der Fülle der Darstellungen und Deutungen seien genannt: Feis, Zwischen Krieg und Frieden, S. 143 ff.; E. Deuerlein, Potsdam 1945. Quellen zur Konferenz der „Großen Drei". München 1963; ders., Deklamation oder Ersatzfrieden? Die Konferenz von Potsdam 1945. Stuttgart 1970.

9. Der Krieg im Fernen Osten

Hatten die amerikanischen Zugeständnisse in den Verhandlungen zwischen Stalin und Hopkins einerseits zu den für die sowjetische Europapolitik so vorteilhaften Vereinbarungen von Potsdam geführt, so waren sie andererseits auch eine Voraussetzung für den weitgehenden, wenn auch nicht vollständigen Erfolg der sowjetischen Zielsetzung in Ostasien.[1] Am 29. Mai war Hopkins von Stalin darüber informiert worden, daß er bis zum 1. Juli den chinesischen Ministerpräsidenten, T. V. Soong, zu Verhandlungen über die Beschlüsse von Jalta in Moskau erwarte. Nur bei einer Zustimmung Chinas zu den sowjetisch-amerikanischen Beschlüssen könne es für „das russische Volk" einen einleuchtenden Kriegsgrund gegen Japan geben. Diese Mitteilung bewog die amerikanische Regierung, ihr monatelanges Zögern aufzugeben und am 15. Juni die Regierung Chiang Kai-shek von denjenigen Klauseln des Geheimabkommens von Jalta in Kenntnis zu setzen, welche die Souveränität Chinas zugunsten der Sowjetunion einschränkten. Auf Druck der USA entschloß sich die chinesische Regierung zur Entsendung einer Delegation nach Moskau. In den Verhandlungen vom 30. Juni bis 14. Juli und vom 7. bis 14. August 1945 beugte sie sich in der gegebenen Zwangslage allen Forderungen und fand sich zum Abschluß eines *sowjetisch-chinesischen Freundschafts- und Bündnisvertrags* (14. August 1945) mit vier Zusatzabkommen (mit 30 Jahren Geltungsdauer) bereit.

Darin wurden die folgenden Fragen geregelt: die „gemeinsame Benutzung" von Port Arthur als Marinestützpunkt, die Erklärung Dairens zum Freihafen, die Bildung einer der Sowjetunion und China gemeinsam gehörenden und von ihnen gemeinsam zu betreibenden einheitlichen „Chinesischen Chang-chun-Eisenbahn" (Zusammenschluß der chinesischen Ostbahn mit der südmandschurischen Eisenbahn) sowie die „Beziehungen zwischen dem militärischen sowjetischen Oberkommando und der chinesischen Verwaltung nach dem Einmarsch der sowjetischen Truppen in das Gebiet der drei chinesischen Ostprovinzen im Verlauf des gegenwärtigen gemeinsamen Krieges gegen Japan".

Die Unterzeichnung dieses Vertrags erfolgte unter dem unmittelbaren Eindruck des stürmischen Vormarsch der Roten Armee in der Mandschurei, die zu dieser Zeit im Kampf gegen die japanische „Kwantung-Armee" bereits an verschiedenen Stellen bis zu 400 km tief in chinesisches Gebiet vorgedrungen war.

Molotov war seit seiner Rückkehr von der Potsdamer Konferenz konsequent allen Bemühungen des japanischen Botschafters, von ihm empfangen zu werden, ausgewichen, um das sowjetische Konzept nicht noch in letzter Stunde durch eine eventuelle japanische Kapitulationsbereitschaft stören zu lassen. Zwei Tage nach dem Abwurf der ersten amerikanischen Atombombe auf Hiroshima überreichte er am 8. August 1945 die *Kriegserklärung*: der Kriegszustand mit *Japan* sollte am 9. August – genau drei Monate nach der deutschen Kapituläion – eintreten.[2] Um den Vormarsch der Roten Armee in der Mandschurei und in der Inneren Mongolei fortsetzen und – wie geplant – noch vor Einstellung der Kampfhandlungen in Korea eindringen sowie auf Südsachalin und den Kurilen landen zu können, nahm die sowjetische Regierung die am 14. August von Kaiser Hirohito verkündete Kapitulation Japans einfach nicht zur Kenntnis. Vielmehr setzte die Rote Armee den Kampf zu Lande, zu Wasser und in der Luft gegen die japanischen Streitkräfte an allen Fronten fort. Auch die gesondert ausgesprochene *Kapitulation* der „Kwantung-Armee" änderte daran nichts. Erst am 2. September, am Tage der Unterzeichnung der Kapitulationsurkunde auf dem amerikanischen Schlachtschiff „Missouri" in der Tokio-Bucht (an der als Vertreter der Sowjetunion Generalleutnant K. N. Derevjanko beteiligt war), wurde der Vormarsch eingestellt. Die gesteckten Ziele waren erreicht.

In seiner Siegesrede vom 2. September 1945 deutete Stalin die bedingungslose Kapitulation auch vor der Sowjetunion als Revanche für die Niederlage Rußlands von 1904/05. Er sah sich als Sieger über Japan in einer etwas gewaltsam interpretierten historischen Kontinuität: „Japan begann mit seiner Aggression gegen unser Land bereits 1904 im russisch-japanischen Krieg . . . Doch hat die Niederlage der russischen Truppen im Jahre 1904, im russisch-japanischen Krieg, im Bewußtsein des Volkes schwere Erinnerungen zurückgelassen. Diese Niederlage legte sich auf unser Land wie ein schwarzer Fleck. Unser Volk glaubte daran und wartete darauf, daß der Tag

kommt, da Japan geschlagen und der Fleck getilgt wird. Vierzig
Jahre haben wir Menschen der alten Generation auf diesen Tag ge-
wartet. Und nun ist dieser Tag gekommen. Heute hat sich Japan als
besiegt bekannt und die bedingungslose Kapitulation unterzeichnet."[3]

Der hochgespannten Erwartung Stalins entsprach der Triumph
seiner Ostasien-Politik jedoch nur unvollkommen. General D. Mac-
Arthur hatte in seinem „Allgemeinen Befehl Nr. 1" vom 15. August 1945 die Gebiete genannt, in denen die einzelnen Siegermächte
die Kapitulation der japanischen Streitkräfte entgegennehmen sollten. Auf die Sowjetunion entfielen dabei Nordostchina (Mandschurei und Innere Mongolei), Korea nördlich des 38. Breitengrads und
Südsachalin. Unausgesprochen schloß diese Regelung die Sowjetunion von einer Beteiligung an der Kapitulation der japanischen
Hauptinseln aus und ließ auch die Kurilen unerwähnt, die im Geheimabkommen von Jalta als der Sowjetunion zu übergebendes japani-
sches Territorium genannt waren. Auf die Forderung Stalins, die
Kurilen als sowjetischen Bereich anzuerkennen, antwortete Präsident Truman am 18. August, als die ersten sowjetischen Truppen
gerade auf den Kurilen landeten, mit dem Wunsch nach amerikanischen Luftstützpunkten auf einer möglichst zentral gelegenen Kuri-
len-Insel.[4] Die strikte Ablehnung dieser Forderung durch Stalin be-
endete die kurze Auseinandersetzung.

Weitaus wichtiger, ja grundlegend für die Nachkriegssituation im
Fernen Osten sollte jedoch die Zurückweisung des Antrags Stalins
werden, die Sowjetunion durch eine Besetzung der nördlichen
Hälfte der Insel Hokkaido an der Okkupation der japanischen
Hauptinseln und damit an der Kontrolle über Japan zu beteiligen.
Dises parallel zur Forderung auf die alleinige Herrschaft über die
Kurilen vorgebrachte Verlangen wurde jedoch von Truman am
16. August abgelehnt. Auf einer Pressekonferenz in Washington
legte er sich auf eine uneingeschränkte Kontrolle der japanischen
Hauptinseln durch das amerikanische Oberkommando fest und
schloß damit die Sowjetunion definitiv von der Mitsprache über das
Schicksal Japans aus. Die Überlassung der Kurilen und Nordkoreas
betrachtete er als eine Art Abfindung für die kurze Kriegsteilnahme
der Sowjetunion. Das japanische Kernland war damit als ganzes

ostentativ in die amerikanische Machtsphäre einbezogen und zu einer wichtigen strategischen Position der USA gegenüber dem sowjetischen Einflußbereich auf dem ostasiatischen Festland geworden. Für die sowjetische Japanpolitik bedeutete dies, künftig auf eine Einflußnahme über die japanische KP und andere Linksgruppen angewiesen zu sein.

Gegenüber *China* blieb die Haltung der Sowjetunion in der Übergangsphase des Krieges ambivalent. Die Ursache hierfür lag in der seit jeher zwiespältigen Einstellung zu den chinesischen Kommunisten unter Mao Tse-tung, der am 9. August, also am Tag des Beginns des sowjetischen Angriffs in der Mandschurei, seinen Streitkräften den Befehl zum Generalangriff auf die Japaner und zur Besetzung eines möglichst großen Teils des bisher von diesen gehaltenen chinesischen Territoriums gab. Vor allem bestand auf sowjetischer Seite keine klare Vorstellung von dem Kräfteverhältnis zwischen den beiden sich gegenüberstehenden politischen Parteien in China, der Kuomintang unter Chiang Kai-shek und den Kommunisten Maos. Das am 14. August mit den Nationalchinesen geschlossene Bündnis hatte den Nebenzweck, eine einseitige Bindung des von Stalin immer noch als relativ bedeutend eingeschätzten Chiang Kai-shek an die USA zu verhindern, was bei einer einseitigen Festlegung der Sowjetunion zugunsten der chinesischen Kommunisten die Folge sein mußte. Am 30. September war bereits amerikanische Marineinfanterie an der nordchinesischen Küste gelandet und hatte kurz darauf Peking besetzt. Die Verstärkung dieser amerikanischen Kräfte bis auf 140 000 Mann schien auf ein längerfristiges militärisches Engagement der USA in China in dem Fall hinzudeuten, daß die Spannungen zwischen Chiang Kai-shek und Mao Tse-tung zum offenen Ausbruch gelangten. Zwar lehnte die sowjetische Regierung gemeinsame Vermittlungsversuche mit der amerikanischen Regierung ab, doch war bereits das Treffen zwischen Mao und Chiang in Chungking am 28. August sowie das Stillhalteabkommen vom 10. Oktober auch auf sowjetische Einflußnahme bei beiden chinesischen Parteien zurückzuführen. Primäres Ziel der sowjetischen Chinapolitik in dieser Übergangszeit blieb es zu verhindern, daß die USA über Japan hinaus auch auf dem chinesischen Festland Fuß fasten.

Der Grundansatz der sowjetischen Außenpolitik, daß der Sowjetunion imperialistische, d. h. dem kommunistischen System prinzipiell feindlich gesonnene Staaten gegenüberstünden, hatte trotz aller Wechsel in der Mächtekonstellation während des Krieges nichts von seiner Bedeutung eingebüßt. Die von dieser Vorstellung konsequent abgeleitete Aufgabenstellung verlangte bereits während des Krieges durch Politik und Kriegführung die außenpolitische und die, angesichts der sprunghaften militärtechnischen Entwicklung um so notwendigere, strategische Bewegungsfreiheit für die Nachkriegszeit zu vergrößern. Der mit dem Pakt mit Hitler eingeleitete Versuch, die imperialistischen Mächte gegeneinander zu lenken, ohne die eigene abwartende Position aufzugeben, scheiterte im Schock des 22. Juni 1941, der sich dem politischen Bewußtsein der sowjetischen Elite nachdrücklich einprägte.

Die militärischen Erfolge seit 1942 und die Zielstrebigkeit der sowjetischen Außenpolitik haben schließlich der Sowjetunion unter allen Siegermächten die bedeutendsten Gewinne gesichert, obwohl sie vom Kriege am schwersten getroffen worden war. Die herrschende Stellung Sowjetrußlands 1945 im Europa östlich der Elbe schloß eine Wiederbelebung antisowjetischer Bündnisse in Ostmittel- und Südosteuropa aus. Damit waren zugleich die Voraussetzungen für einen Aufstieg zur Weltmacht geschaffen, wodurch die Außenpolitik des Kremls vor neue, sie in der Folgezeit bestimmende Aufgaben gestellt wurde.

Der Zweifrontendruck der beiden imperialistischen Großmächte Deutschland und Japan, unter dem die Sowjetunion seit der Weltwirtschaftskrise Anfang der dreißiger Jahre gestanden hatte, war gewichen. Moskau sah sich jedoch weiterhin mit imperialistischen Mächten konfrontiert, die unter Führung der neuen Weltmacht USA im Krisenfall unter veränderten, aber infolge des amerikanischen Atomwaffenmonopols nicht grundsätzlich verbesserten Bedingungen von Mitteleuropa und Ostasien aus die Zweifrontensituation erneuern konnten. Damit blieb für die sowjetische Außenpolitik trotz aller im einzelnen bedeutsamen Wandlungen zu ihren Gunsten die Grundproblematik über den Triumph von 1945 hinaus weiter bestehen.

150

Anmerkungen

1 Sowjetische Darstellungen: Geschichte der internationalen Beziehungen 1939–1945. (Aus d. Russ.) Berlin 1965. S. 359ff.; Die internationalen Beziehungen im Fernen Osten 1870–1945. Red. v. J. M. Shukow. (Aus d. Russ.) Berlin 1955; G. N. Sevost'janov, Podgotovka vojny na Tichom okeane. (Sentjabr' 1939 g. – dekabr' 1941 g.) Moskau 1962; ders., Diplomatičeskaja istorija vojny na Tichom okeane. (Ot Pirl Charbora do Kaira). Moskau 1969; A. M. Dubinskij, Osvoboditel'naja missija, Sovetskogo Sojuza na Dal'nem Vostoke. (Iz istorii meždunarodnych otnošenij, nacional'no-osvoboditel'noj bor'by narodov Vostočnoj i Jugo-Vostočnoj Azii v gody vtoroj mirovoj vojny). Moskau 1966. – Zur sowjetischen China-Politik die Dokumentation: Sovetsko-kitajskie otnošenija 1917–1957. Sbornik dokumentov. Moskau 1959; Sovetsko-mongol'skie otnošenija 1921–1966. Sbornik dokumentov. Moskau 1966. – Allgemein: D. J. Dallin, Soviet Russia and the Far East. New Haven, Conn. 1948; M. Beloff, Soviet Policy in the Far East, 1944–1951. London 1953. – Aus der Sicht der Kuomintang: Tschiang Kai-Schek, Sowjetrußland in China. Bonn 1959, Tien-fong Cheng, A History of Sino-Russian Relations. Washington 1957; Ai-Ch'ên K. Wu, China and the Soviet Union. New York 1950; H. Feis, The China Tangle. Princeton 1953. – Zum Verhältnis Moskaus zu den chinesischen Kommunisten: H. L. Moore, Soviet Far Eastern Policy 1931–1945. Princeton 1945; R. C. North, Moscow and the Chinese Communists. 2. Aufl., Stanford 1963; Ch. B. McLane, Soviet Policy and the Chinese Communists 1931–1946. New York 1958; vgl. auch die Mao-Bibliographie von St. Schram, Mao Tse-tung. (Aus d. Engl.) Frankfurt a. M. 1969.

2 Zur politischen Entscheidung: L. Morton, Soviet Intervention in the War with Japan. In: Foreign Affairs. 1961/62, Nr. 4. S. 653–662. – Zum militärischen Verlauf: Geschichte des Großen Vaterländischen Krieges der Sowjetunion, Bd. 5, S. 603ff., R. L. Garthoff, The Soviet Manchurian Campaign, August 1945. In: Military Affairs. Bd. 33, 1969, Nr. 2. S. 312–336. – Japanische Sicht: T. Hattori, Japans Weg aus dem Zweiten Weltkrieg. In: Probleme des Zweiten Weltkrieges, S. 389–435; T. Kase, Eclipse of the Rising Sun. London 1951; W. Craig, Als Japans Sonne unterging. Das Ende des Krieges im Pazifik 1945. (Aus d. Amerik.) Wien 1970. – Weitere Darstellung mit Berücksichtigung der sowjetischen Position: H. Feis, Japan Subdued. The Atomic Bomb and the End of World War II. 2. Aufl., Princeton 1966.

3 Der Sowjetkommunismus. Dokumente. Hrsg. v. H.-J. Lieber u. K.-
 H. Ruffmann. Bd. 1, Köln 1963 S. 406.
4 Briefwechsel Stalins, S. 773 f.

Personenregister

Abe, N. 35
Aktay, A. H. 61
Anders, W. 88
Antonescu, I. 61, 99, 100
Arciszewski, T. 126
Astachov, G. A. 24, 26
Attlee, C. 138, 139

Badoglio, P. 100
Barbarin, E. 24
Beaverbrook, W. 72
Beck, J. 19
Beneš, E. 89, 132
Berling, Z. 88
Bidault, G. 117, 118
Bierut, B. 107, 117, 130
Bogomolov, A. E. 75, 76
Boris III., 59, 111
Broz-Tito, J. 75, 94, 113, 114, 123, 128, 132
Bulganin, N. A. 107

Carol II., 53, 54
Chamberlain, J. A. 24, 25, 44
Chiang Kai-shek 93, 125, 145, 148
Churchill, W. 3, 44, 51, 52, 55, 62, 68, 71, 74, 76, 77, 78, 82, 90, 91, 92, 93, 94, 95, 96, 98, 101, 108, 116, 118, 129, 136, 137, 138
Clay, L. D. 134
Cripps, Stafford R. 3, 44, 45, 52, 53, 55, 56, 63, 68
Curzon, G. N. 95, 96, 98, 107, 116

Dálnoki-Miklós, B. v. 113
Deane, J. R. 90
Dekanozov, V. G. 52
Derevjanko, K. N. 146
Dimitrov, G. 85, 86
Djilas, M. 123
Dönitz, K. 134
Doumenc, J. 25
Drax, R. 25

Eden, A. 63, 74, 75, 76, 90, 92, 93, 96, 116, 127, 128
Eisenhower, D. D. 131
Enckell, C. 99, 109

Faraghó, S. H. 113
Fierlinger, Z. 19, 89, 132
Furughi, M. A. 70

Gafencu, G. 61
Gaulle, Ch. de 75, 76, 117, 118
Georgiev, K. 112
Ghailani, R. A. el 62
Grekov, B. D. 87
Gromyko, A. A. 115
Groza, P. 130
Günther, Chr. 42
Gusev, F. T. 90, 92, 127

Hackzell, A. 109
Halifax, E. 45, 56
Harriman, W. A. 72, 90, 116
Heß, R. 63, 78
Hirohito 146
Hitler, A. 2, 3, 4, 7, 19, 25, 28, 33, 34, 35, 36, 39, 40, 44, 46, 82, 83, 84, 86, 96, 148
Hiranuma, K. 35
Hopkins, H. 72, 136, 137, 145
Hudson, R. S. 24
Hull, C. 77, 92, 93

King, H. 84
Kollontaj, A. M. 99
Kutuzov, M. I. G. 87
Kuusinen, O. 41

Lavrent'ev, A. I. 53
Lenin, W. I. 1
Lipski, J. 20
Litvinov, M. M. 18, 19, 22, 73, 77, 90

154

MacArthur, D. 147
Majskij, I. M. 45, 63, 90
Mannerheim, C. C. Frhr. v. 42, 109
Mao Tse-tung 148
Matsuoka, Y. 61, 62, 63
Merekalov, A. 21
Michael I. 110, 130
Mihajlović, D. 94
Mikojan, A. I. 18
Mikolajczyk, St. 89, 98, 108, 116, 126, 137
Molotov, V. M. 22, 27, 28, 33, 35, 36, 37, 38, 41, 45, 51, 52, 53, 54, 56, 57, 58, 59, 60, 62, 63, 68, 76, 77, 85, 90, 91, 92, 93, 94, 95, 107, 116, 118, 128, 131, 136, 146
Muraviev, K. 112
Mussolini, B. 7, 86

Naggiar, P. E. 22
Nanu, E. C. 99
Němec, F. 115
Nevskij, A. 87
Novikov, K. V. 98, 110

Osóbka-Morawski, E. 107

Paasikivi, J. K. 40, 99
Pahlewi, Schah Reza 69, 70
Peter III. 94

Radescu, N. 111, 130
Renner, K. 133
Ribbentrop, J. v. 25, 27, 28, 33, 34, 35, 37, 40, 45, 57, 95
Roosevelt, F. D. 71, 72, 73, 76, 77, 78, 82, 90, 91, 93, 94, 95, 96, 97, 101, 108, 115, 116, 117, 124, 125, 127, 129, 131
Rosso, A. 54
Ryti, R. 42, 43, 109

Sanatescu, C. 110, 111
Šapošnikov, B. 11, 25
Saraçoglu, S. 43
Sato, N. 91

Schnurre, J. 18, 24
Schulenburg, W. Graf v. d. 25, 53, 58
Seeds, W. 22, 42
Selter, K. 40
Sikorski, W. 73, 74, 88, 89
Simeon II. 111
Soong, T. V. 145
Sorge, R. 71
Stalin, J. 1, 2, 3, 4, 7, 8, 11, 13, 18, 21, 27, 28, 33, 34, 36, 37, 41, 43, 44, 45, 46, 51, 53, 54, 55, 56, 58, 59, 61, 62, 64, 68, 70, 72, 73, 74, 75, 76, 78, 82, 83, 84, 85, 86, 87, 88, 90, 91, 93, 94, 95, 96, 97, 100, 108, 113, 116, 117, 118, 119, 123, 124, 125, 127, 128, 129, 130, 131, 132, 133, 134, 135, 136, 137, 138, 139, 140, 145, 146, 147
Stirbey, B. 98, 111
Strang, W. 22
Šubašić, J. 94, 114, 128
Szálasi, F. 113

Tanner, V. 42
Tatekawa, Y. 59
Togliatti, P. 100
Togo, Sh. 36, 138
Tolstoj, A. 87
Trotzkij, L. D. 1
Truman, H. S. 131, 134, 135, 136, 137, 139, 147
Tuchačevskij, M. N. 11

Ulbricht, W. 86, 133

Vorošilov, K. E. 25, 26
Vyšinskij, A. Ja. 52, 56, 61

Weeks, R. 134
Weizsäcker, E. Frhr. v. 21
Wilson, H. 24
Winant, J. 92, 127
Wohlthat, H. 24

Ždanov, A. A. 52, 109
Žukov, G. 134